TRAITÉ
D'HARMONIE

PAR

L. GIRARD

Pr Net 6f

PARIS

Chez L'AUTEUR, Quai Napoléon 9

1879

TRAITÉ
D'HARMONIE
PAR
L. GIRARD
Pr. Net: 6.f
PARIS
Chez L'AUTEUR, Quai Napoléon, 9.
1879
CH. JOLI.Imp. r. du Renard,26.l.4 Paris.

TRAITÉ D'HARMONIE

L. GIRARD.

DU RHYTHME.

1. — Le discours musical se divise en *phrases*. La phrase se divise en *membres de phrase*, séparés par des repos plus ou moins complets, nommés *cadences*, demi-cadences, quarts-de cadence.

Les membres de phrase se divisent en *mesures*, les mesures en *temps* et les temps en fractions de temps.

2. — Le *Rhythme* consiste dans l'égalité que présentent respectivement ces différentes parties entre elles.

Si chaque temps est divisé en deux parties égales, il y a rhythme *binaire* de temps; en trois parties égales rhythme *ternaire* de temps.

(On dit, par abréviation, temps binaire, temps ternaire.)

Le retour régulier, de 2 en 2, de 3 en 3, d'un temps plus accentué que les autres, qu'on nomme *temps fort*, constitue le rhythme de mesure, ou, par abréviation, la *mesure*.

Dans l'écriture musicale, on sépare les mesures les unes des autres, par des barres verticales (barres de mesures) qu'on place devant chaque temps fort.

Si chacune des mesures est divisée en deux temps, il y a rhythme binaire de mesure; en trois temps, rhythme ternaire; par abréviation, *mesure binaire* ou à deux temps, *mesure ternaire* ou à trois temps.

La mesure quaternaire (à 4 temps) peut être considérée comme la réunion de deux mesures binaires. Elle a deux temps forts, le 1.er et le 3.me; mais le 3.e est faible relativement au 1.er

Dans la mesure ternaire le 2.e temps est plus fort que le 3.e

Si chaque membre de phrase se divise en deux, trois mesures, il y à également rhythme binaire, rhythme ternaire de membre. Enfin si chaque phrase se divise en 2, 3 membres, il y a rhythme binaire, rhythme ternaire de phrase.

3. — Une phrase est *carrée* lorsqu'elle se compose de 4 membres égaux renfermant chacun 4 mesures. Deux mesures pouvant être réunies en une seule, les phrases de 8, de 32 mesures, seront également carrées, si elles renferment 2 ou 8 membres égaux.

Une phrase régulièrement rhythmée peut se composer de 2 membres de 3 ou 6 mesures chacun, de 3 membres de 2, 3 ou 6 mesures chacun.

Lorsque les membres sont inégaux, le rhythme est irrégulier.

4. — Parmi les temps forts, les temps sur lesquels ont lieu les cadences sont les plus forts de tous.

On multiplie les barres de mesure pour faciliter la lecture; souvent on pourrait, sans inconvénient, en enlever au moins la moitié. Ainsi cette phrase de Beethoven:

(1)

(2) pourrait s'écrire:

(3) et même:

Si l'on compare **(1)** à **(2)** on verra que les temps forts des mesures 1, 3, 5, et 7 sont plus faibles que les temps forts des mesures 2, 4, 6 et 8.

La comparaison avec **(3)** montre que 2 et 6 sont plus faibles que 4 et 6.

5. — Nous nommerons *mesures fortes* celles qui renferment les temps plus forts; *mesures faibles*, celles qui renferment les temps moins forts.

De deux mesures consécutives, dans une phrase carrée, l'une est forte l'autre est faible.

Lorsque le temps est divisé en deux parties égales, la 1re est forte, la 2e faible; en trois parties, la 1re est forte, la 2e et la 3e sont faibles; en quatre parties, la 1re et la 3e sont fortes, la 2e et la 4e sont faibles; la 3e est moins forte que la 1re

(Tout ce qui sera dit, par la suite, du temps fort ou faible s'appliquera également aux parties fortes ou faibles, aux mesures fortes ou faibles.

6. — Quelquefois, par ellipse, la dernière mesure d'un membre de phrase devient la première du membre de phrase suivant. EX:

Souvent on ralentit le mouvement vers la cadence finale. Ce ralentissement exprimé en notes réelles peut sembler un défaut de carrure:

c'est comme s'il y avait:

ACCORD PARFAIT.

7. — Si l'on fait vibrer une corde, outre le son principal il s'en produit une infinité d'autres; les plus perceptibles à l'oreille sont:

La douzième (double quinte)   } de ce son principal
La dix-septième (triple tierce) }

l'octave et la double octave se confondant avec le son fondamental.

Le cor, la trompette, etc: donnent naturellement les mêmes sons.

En négligeant les octaves et en rapprochant les unes des autres les notes qui restent, on a:

Cet accord, donné, comme on le voit, par la nature est l'accord parfait majeur. Lui seul a pu suggérer l'idée première de l'harmonie.

En comptant les intervalles à partir de la note la plus grave, on voit qu'il est formé d'une tierce majeure { *Mi* / *Ut* } et d'une quinte majeure { *Sol* / *Ut* } ou de deux tierces superposées dont la deuxième { *Sol* / *Mi* } est mineure.

8. — Tous ces intervalles, *Octave, Quinte, Tierces majeures et mineures* sont des *consonnances*. De même leurs renversements, *Prime,*[(1)] *Quarte, Sixtes mineures et majeures*, sont des consonnances ou intervalles *consonnants*.

On a donné à l'Octave et à la Quinte le nom de consonnances *parfaites* parce qu'elles ont plus que les autres le caractère de repos, de conclusion.

(1) *Unisson.*

Les intervalles autres que ceux que nous avons nommés ci-dessus sont ou *consonnants*, *attractifs* ou *dissonants*.

Les consonnants attractifs sont le 5te mineure et la 4te majeure ou triton; les dissonnants sont la 2de et la 7e majeures et mineures.

9. — Lorsque les notes d'un accord $\left\{\begin{matrix} Sol \\ Mi \\ Ut \end{matrix}\right.$ sont ainsi échelonnées par tierces on dit que cet accord est à *l'état direct*, sa *basse* (note grave) est alors *fondamentale*.

Chacune des deux autres notes de l'accord parfait, la tierce et la quinte, peut à son tour devenir la *basse*. Alors cette basse n'est plus fondamentale.

La *Basse* est la partie la plus importante de l'harmonie.

10. — Lorsque la tierce devient basse, l'accord est dans son premier *renversement* ....

En comptant les intervalles à partir de la basse *Mi*, on voit que ce nouvel accord est formé d'une tierce $\left\{\begin{matrix} Sol \\ Mi \end{matrix}\right.$ et d'une sixte $\left\{\begin{matrix} Ut \\ Mi \end{matrix}\right.$. Ce dernier intervalle donne le nom à l'accord, qui s'appelle *accord de sixte* on l'indique abréviativement par un 6 placé au dessus de la basse.............................

Lorsque la quinte de l'accord parfait devient basse, l'accord est dans son second renversement...

Ce nouvel accord est formé d'une quarte $\left\{\begin{matrix} Ut \\ Sol \end{matrix}\right.$ et d'une sixte $\left\{\begin{matrix} Mi \\ Sol \end{matrix}\right.$ on le nomme *accord de quarte et sixte* et on l'indique abréviativement par les chiffres $\frac{6}{4}$ placés au dessus de la basse..,

Quelle que soit la disposition des notes supérieures, c'est toujours la basse qui détermine le nom de l'accord.

On peut doubler la fondamentale et la quinte, plus rarement la tierce.

11. — Les seules notes de la gamme majeure qui puissent servir de fondamentales à l'accord parfait majeur sont: $\left\{\begin{matrix} \text{la 1}^{re} \text{ ou } tonique \\ \text{la 4}^{e} \text{ ou } sous\ dominante \\ \text{la 5}^{e} \text{ ou } dominante \end{matrix}\right\}$ c'est-a-dire les trois *tonales*.

ACCORDS PARFAITS DES TROIS TONALES.

12. — Par analogie on a établi des accords de tierce et quinte sur les autres degrés de la gamme mais pour ne pas employer des notes étrangères au ton, il a fallu altérer l'accord primitif. Les accords 1, 2 et 3 ont la *tierce mineure*, on les appelle *accords parfaits mineurs*.

C'est l'altération de la tierce qui assombrit l'accord parfait mineur et lui donne un caractère de tristesse très prononcé. Les anciens harmonistes ne lui attribuaient point le caractère de repos, de conclusion; aussi ne l'employaient-ils jamais comme accord *final*.

Dans le 4ᵉ des accords ci-dessus il y a double altération. La quinte y est mineure aussi bien que la tierce. Cet accord s'appelle *accord de quinte mineure*. On l'indique abréviativement par un 5 barré, placé au dessus de la basse..............

L'emploi de cet accord dans la gamme d'*Ut* majeur est très restreint. Il n'est qu'une fraction de l'accord de septième dominante, qui sera étudié plus loin.

13. — Un accord étant écrit, la note la plus aigüe s'appelle *première partie*; celle qui vient immédiatement au dessous 2ᵉ *partie*; la suivante, toujours en descendant, 3ᵉ *partie* etc enfin la note la plus grave s'appelle *basse*, ainsi qu'on l'a déjà vu.

L'harmonie peut s'écrire à 2, 3, 4, 5, 6, 7 et même 8 parties. L'harmonie à 4 parties est la plus usitée.

14. — Les parties peuvent marcher par *mouvement semblable*, par *mouvement contraire* ou par *mouvement oblique*.

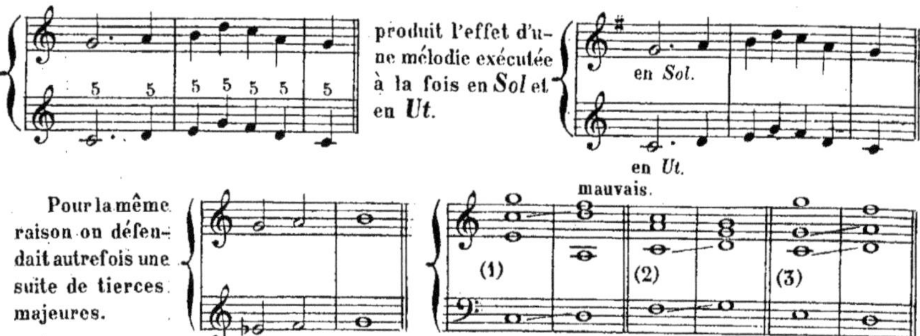

15. — Par mouvement semblable on doit éviter, *entre deux mêmes parties*, deux octaves ou deux quintes justes consécutives; les octaves, parcequ'elles ne produiraient pas d'harmonie; les quintes parcequ'elles donneraient la sensation d'un fragment de mélodie exécuté à la fois dans deux tons différents. Ainsi:

Ces 3 exemples sont mauvais. Il y a dans le 1ᵉʳ deux octaves consécutives entre la 2ᵉ partie et la basse; dans le 2ᵉ, deux quintes consécutives entre la 3ᵉ partie et la basse; dans le 3ᵉ, deux quintes consécutives entre la 2ᵉ et la 3ᵉ parties.

Dans l'exemple suivant il y a bien deux octaves $\begin{cases} Fa \\ Fa \end{cases} \begin{cases} Sol \\ Sol \end{cases}$ mais la 1ʳᵉ octave a lieu entre la 3ᵉ partie et la basse, tandis que la seconde octave à lieu entre la 2ᵉ partie et la basse.

Il y a aussi deux quintes $\begin{cases} Do \\ Fa \end{cases} \begin{cases} Ré \\ Sol \end{cases}$ mais la 1ʳᵉ quinte a lieu entre la première partie et la basse tandis que la seconde quinte a lieu entre la 3ᵉ partie et la basse. Cet exemple est bon parceque les octaves et les quintes n'ont pas lieu entre deux mêmes parties.

16. — En général, une octave ou une quinte juste ne doit pas être prise par mouve - ment semblable, surtout entre les parties extrêmes (la 1ʳᵉ partie et la basse.)

mauvais

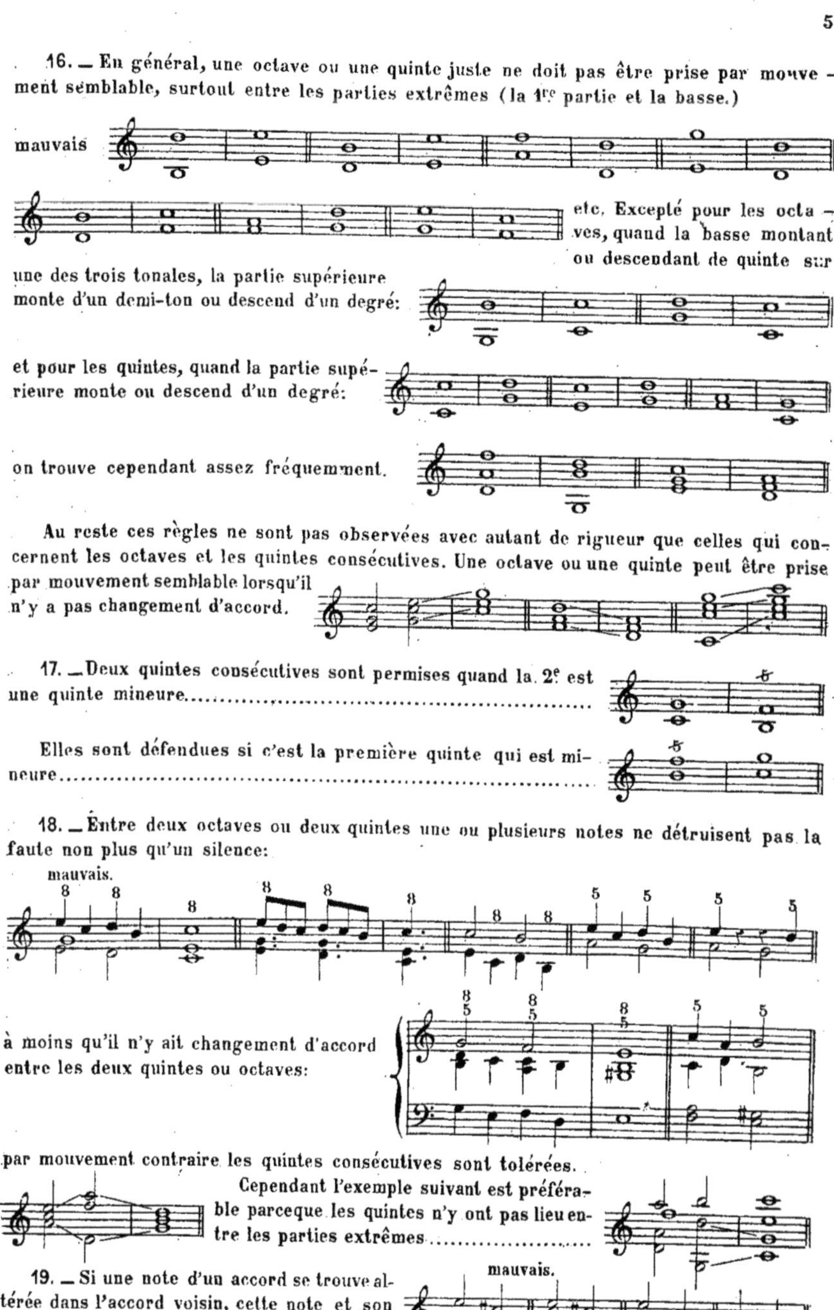

etc. Excepté pour les octa - ves, quand la basse montant ou descendant de quinte sur une des trois tonales, la partie supérieure monte d'un demi-ton ou descend d'un degré:

et pour les quintes, quand la partie supé- rieure monte ou descend d'un degré:

on trouve cependant assez fréquemment.

Au reste ces règles ne sont pas observées avec autant de rigueur que celles qui con- cernent les octaves et les quintes consécutives. Une octave ou une quinte peut être prise par mouvement semblable lorsqu'il n'y a pas changement d'accord.

17. — Deux quintes consécutives sont permises quand la 2ᵉ est une quinte mineure......................................

Elles sont défendues si c'est la première quinte qui est mi- neure......................................

18. — Entre deux octaves ou deux quintes une ou plusieurs notes ne détruisent pas la faute non plus qu'un silence:

mauvais.

à moins qu'il n'y ait changement d'accord entre les deux quintes ou octaves:

par mouvement contraire les quintes consécutives sont tolérées. Cependant l'exemple suivant est préféra- ble parceque les quintes n'y ont pas lieu en- tre les parties extrêmes......................

mauvais.

19. — Si une note d'un accord se trouve al- térée dans l'accord voisin, cette note et son altération doivent se trouver dans la même partie sans quoi il y aurait fausse relation.

La fausse relation est inévitable et par conséquent tolérée lorsque la note qui doit être altérée est doublée: .... 

20. — Quand on écrit une succession de deux accords, 1º si une ou plusieurs notes sont communes aux deux accords, ces notes doivent se trouver dans le 2ᵉ accord à la même partie qu'elles occupaient dans le premier. 2º les notes non communes vont du 1ᵉʳ accord à la note la plus voisine dans le 2ᵉ................................. 

à moins qu'il n'en résulte un défaut, comme dans l'exemple suivant où l'octave {Sol / Sol} est prise par mouvement semblable

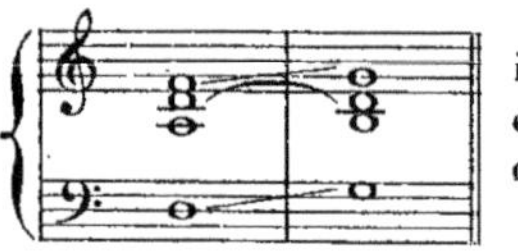

il vaudra mieux ecrire, en employant le mouvement contraire: .... 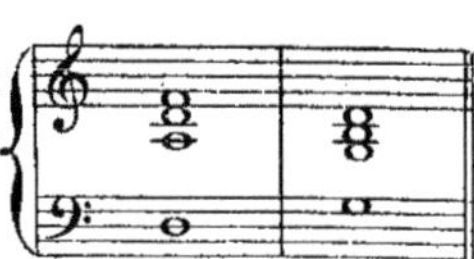

RELATIONS ENTRE LES ACCORDS PARFAITS D'UNE MÊME GAMME.

Par abréviation, le mot degré est employé, dans ce qui suit, pour désigner l'*accord parfait* établi sur ce degré.

21. — Tout accord parfait donne l'impression du ton de sa fondamentale.

Les relations des accords parfaits entre eux seront donc les mêmes que les relations des tons entre eux. (On sait que deux tons sont relatifs l'un de l'autre lorsque leur armure ne diffère pas de plus d'un # ou d'un ♭.

Les degrés qui ont le plus de relations avec la tonique, sont les deux autres tonales, c'est-à-dire la dominante et la sous-dominante. Le 5ᵉ degré (*dominante*) est le plus important après le 1ᵉʳ (*tonique*).

Les plus relatifs de la tonique après ces deux degrés sont le 2ᵉ et le 6ᵉ. Le 3ᵉ est le moins tonal de tous.

Quant au 7ᵉ (*sensible*) qui n'est pas un accord parfait, nous avons déjà dit qu'il ne s'emploie que dans un très petit nombre de cas et seulement par analogie.

22. — La gamme mineure étant une gamme artificielle, calquée sur la gamme majeure, toutes les successions d'accords qui sont bonnes dans le mode majeur, le seront également, par analogie, dans le mode mineur, lors même qu'il n'y aurait pas relation. La dominante de ce mode ne porte l'accord parfait mineur que par exception.)[1]

23. — Nous allons examiner successivement les enchainements d'accords parfaits par seconde, par tierce et par quarte ascendantes et descendantes, en laissant de côté l'accord de la 7ᵉ note.

SUCCESSIONS PAR SECONDE ASCENDANTE.

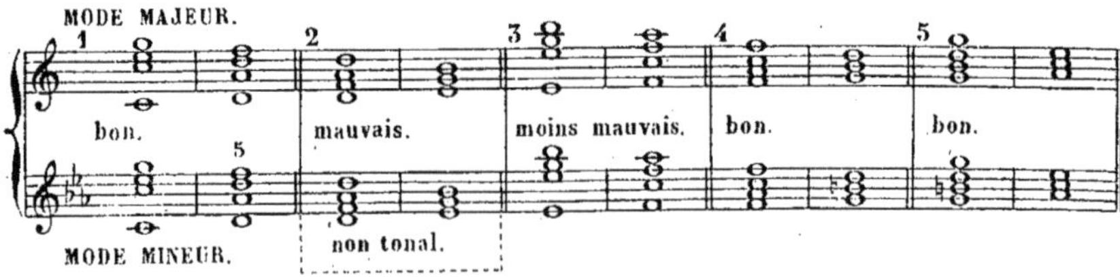

(1) *Pour éviter l'intervalle de 9ᵈᵉ augmentée en descendant du 7ᵉ degré au 6ᵉ.*

24. — Le N? 1 est bon, car il y a relation entre les deux accords; mais cette relation est faible, pour raffermir la tonalité, il faut que le 2? degré soit suivi d'un accord plus tonal. Nous verrons bientôt quel est cet accord.

On voit que l'accord du 2? degré dans le mode mineur est un accord de quinte mi- neure semblable à celui du 7? degré. Ici c'est un véritable accord et non une fraction d'accord comme celui du 7e degré. Il se change souvent en accord parfait mineur par l'exhaus- sement du 6? degré lab, lorsque ce 6? degré monte à la sensible, afin d'éviter l'intervalle de 2? augmentée lab - si♮...................

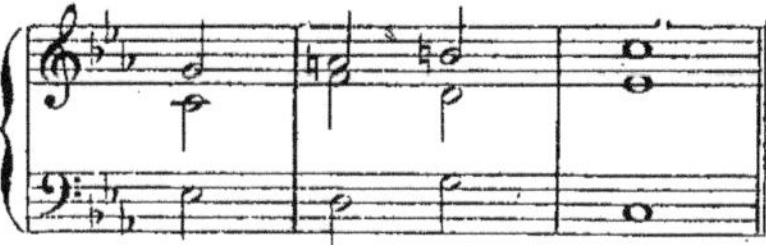

25. — Le N? 2 est mauvais, car il n'y a pas de relation entre les tons de *Ré* mineur et de *Mi* mineur. De plus aucun de ces accords n'est tonal et le second est le moins tonal de tous. Aussi la succession correspondante, dans le mode mineur, est-elle étrangère au au ton d'*Ut mineur.*

26. — Le N? 3 est moins mauvais, car le second accord est tonal.

Il sera démontré plus tard que dans la plupart des cas où se présente cette succession, l'accord du 3? degré n'existe qu'en apparence.

27. — Dans le N? 4, il n'y a pas relation entre les deux accords *Fa* et *Sol*. Pour cette raison les classiques n'employaient guère cette succession. Aujourd'hui elle est très usitée. Ces accords *Fa* et *Sol*, quoique non relatifs entre eux, sont tonals tous les deux, de plus le second, *Sol*, est dominante du ton. Or il existe une telle affinité entre la dominante et la tonique qu'on peut poser ce principe:

Tout accord peut s'enchaîner avec la dominante d'un de ses relatifs.

Donc *Fa* **peut être suivi de** *Sol.*

28. — Le N? 5 est bon; les deux accords étant relatifs entre eux. Par analogie il est bon dans le mode mineur, bien qu'il n'y ait pas relation.

L'accord du 6? degré dans le mode mineur se change quelquefois en un accord de quinte mineure par l'altération ascendante de ce 6? de- gré pour aller à la sensible.......................

29. — SUCCESSIONS PAR SECONDE DESCENDANTE.

MODE MAJEUR.

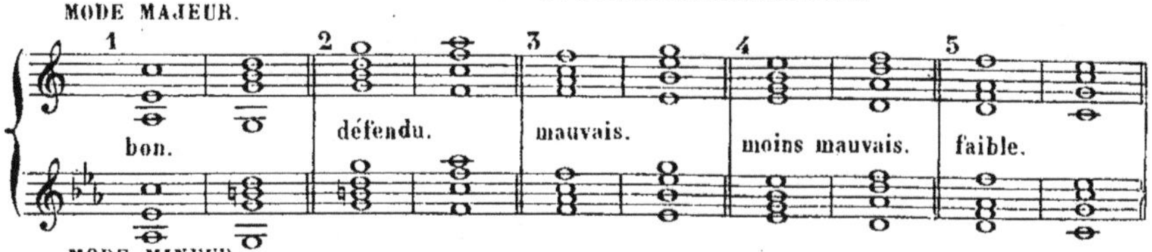

MODE MINEUR.

Le N? 1 est bon parce qu'il y a relation entre les accords; bon, par analogie dans le mode mineur, malgré l'absence de relation.

30. — Le N? 2 n'appartient pas à la tonalité moderne. Les deux accords *Sol, Fa* sont tonals, il est vrai; mais il n'y a pas de relation entre eux et le second n'est pas domi- nante d'un ton relatif.

Cette succession se trouve fréquemment dans les compositions antérieures au 17? siècle. Il en est de même de toutes les successions signalées ici comme *mauvaises.* Il ne pouvait y avoir alors de fausse relations de tons, puisqu'il n'y avait pas de tons.

Tous les accords parfaits pou- vaient s'enchaîner entre eux;les suc- cessions par tierce ascendante s'em- ployaient fréquemment...................

PALESTRINA.

Les compositeurs modernes ont emprunté aux anciens quelques unes de ces successions, pour donner à certains passages une couleur antique ou religieuse. Celles qui répugnent le plus à notre sens tonal sont *Ré-Mi* et *Fa-Mi*.

31. — Le N.º 3 est mauvais a cause de l'absence de relation.

La succession correspondante dans le mode mineur est beaucoup meilleure, car les accords sont relatifs; mais elle n'appartient pas au ton d'*Ut* mineur.

32. — Le N.º 4 est moins mauvais. Si le 1ᵉʳ accord est peu tonal, il est suivi d'un accord plus tonal. En général si l'on emploie de suite deux accords non tonals, il faut au moins aller d'un mauvais à un meilleur. La succession correspondante, dans le mode mineur, n'appartient pas au ton d'*Ut* mineur.

33. — Le N.º 5 est médiocre. Cela tient à la faiblesse de relation entre les deux accords.

L'harmonie correspondante dans le mode mineur n'est pas bonne non plus.

Dans les deux modes, entre l'accord du 2.ᵉ degré et la tonique, il faut un accord plus tonal, que le 2.ᵉ degré.

SUCCESSIONS PAR TIERCE ASCENDANTE.

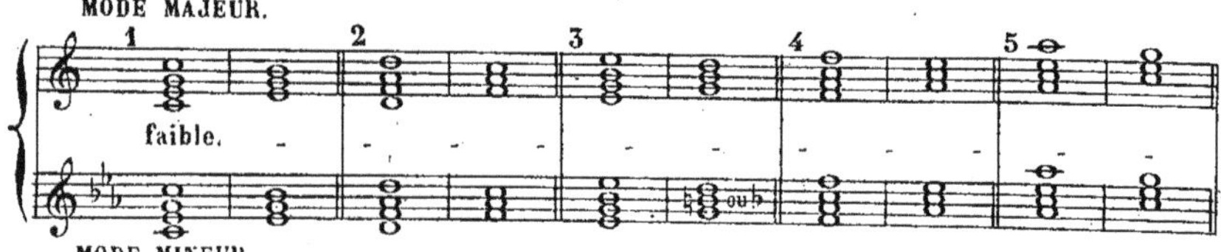

34. — La succession d'un accord à un autre est d'autant meilleure que le second accord contient la fondamentale du premier. Voilà pourquoi ces successions par tierce ascendante, malgré la relation des accords, sont moins bonnes que les successions par 3.ᶜᵉ descendante.

35. — SUCCESSIONS PAR TIERCE DESCENDANTE.

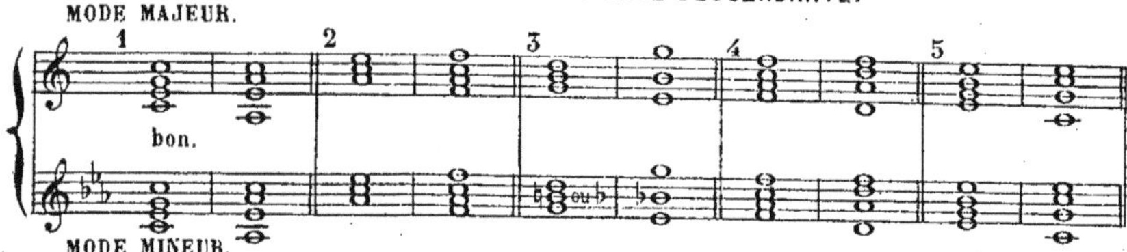

Excellentes successions, hors la 3.ᵉ et la 5.ᵉ qui renferment l'accord du 3.ᵉ degré et sont par conséquent peu tonales.

36. — SUCCESSIONS PAR QUARTE ASCENDANTE.

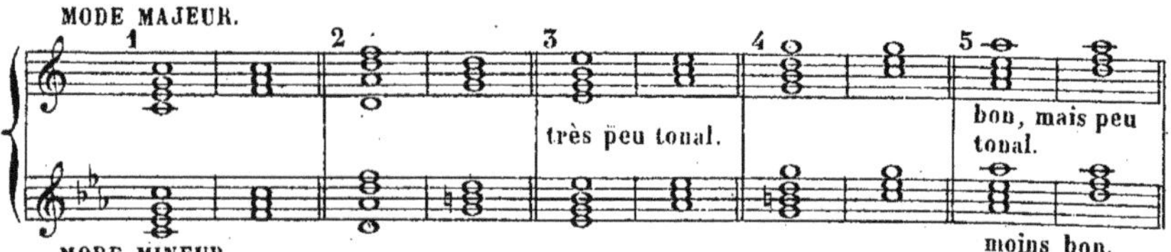

Excellentes successions, hors la troisième qui renferme l'accord du 3.ᵉ degré du dont les deux accords ne sont tonals ni l'un ni l'autre; et hors la cinquième, meilleure néanmoins que la troisième.

Dans chacune de ces 5 successions, le deuxième accord renferme la fondamentale de l'accord précédent.

37.—Les deux accords du N° 2 ne sont pas relatifs entre eux, mais le deuxième est do-minante d'*Ut*, relatif de *Ré*. C'est là précisément l'accord qui doit suivre celui du 2ᵉ degré, si l'on ne veut pas s'écarter de la tonalité.

38.—SUCCESSIONS PAR QUARTE DESCENDANTE.

Le N° 1 est mauvais, dans le mode mineur, à cause du saut de 4ᵗᵉ majeure, du *Ré* au *La♭*.

Le N° 4 n'est pas très bon, parce qu'il n'y a pas relation entre les accords. Cette succes-sion appartient plutôt à la tonalité ancienne. Meyerbeer l'a employée heureusement dans la marche religieuse du *Pardon de Ploërmel*.

39.—Ce qui vient d'être dit au sujet des enchaînements d'accords parfaits par seconde, par tierce et par quarte ascendantes et descendantes, s'applique également aux enchaînements par les renversements de ces intervalles: Successions par quintes au lieu de quarte.

Successions par sixte au lieu de tierce.

Successions par septième au lieu de seconde.

40.—On appelle *progression harmonique*, ou *marche d'harmonie* la reproduction d'une série d'accords en montant ou en descendant toujours d'un même intervalle.

La série reproduite se nomme *modèle*.

La régularité avec laquelle se reproduit le modèle autorise l'emploi des successions d'ac-cords non relatifs, des enchaînements par tierce ascendante, des quintes et octaves prises par mouvement semblable, de l'accord du 3ᵉ degré et de l'accord de quinte mineure sur la sensible, de la fausse relation.

PROGRESSION ASCENDANTE PAR SECONDE.

Dans ces deux progressions l'accord du 7ᵉ degré est traité par analogie comme un accord parfait.

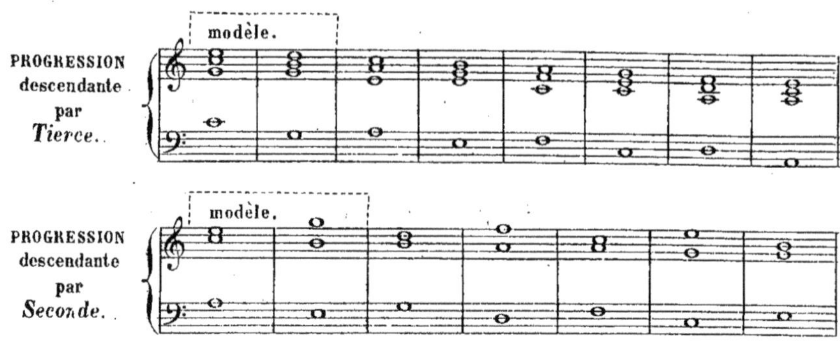

ACCORD DE SIXTE.

41.—L'accord de Sixte, premier renversement de l'accord parfait, ne détermine pas la tonalité d'une manière aussi précise que l'accord direct; il a beaucoup moins le caractère du repos, et son effet plus vague permet des successions qui seraient défendues sans renversement.

42.—La succession défectueuse 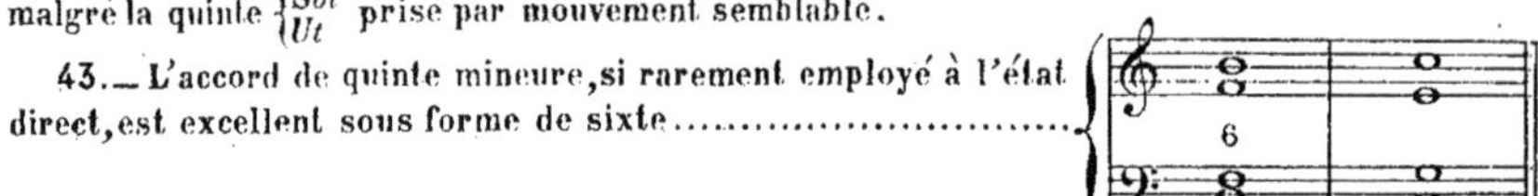 devient bonne avec l'accord de sixte.

malgré la quinte $\begin{cases} Sol \\ Ut \end{cases}$ prise par mouvement semblable.

43.— L'accord de quinte mineure, si rarement employé à l'état direct, est excellent sous forme de sixte.....................

Au contraire l'accord du sixième degré se trouve rarement employé à l'état de sixte, et seulement lorsque la partie qui contient ce sixième degré marche diatoniquement ou reste en place dans l'accord suivant, la basse restant immobile ou marchant par degré conjoint.

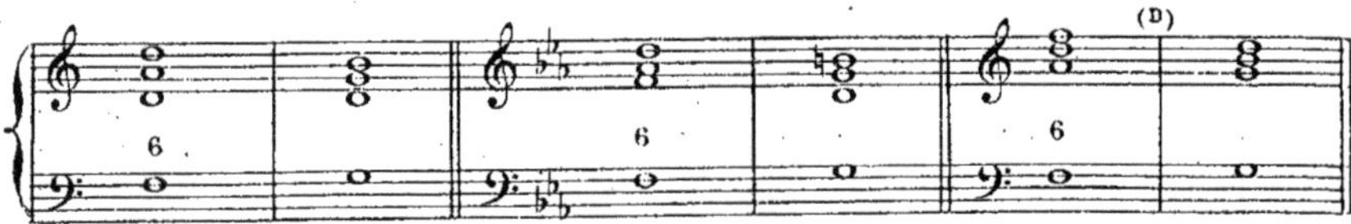

44.—L'accord du deuxième degré s'emploie plus fréquemment à l'état de sixte qu'a l'état direct.

Lorsque la sous-dominante, à la basse, monte sur la dominante, comme dans les deux exemples qui précédent, l'accord de sixte est préférable à celui de quinte, le deuxième accord, dans ce cas, contenant la fondamentale du premier.

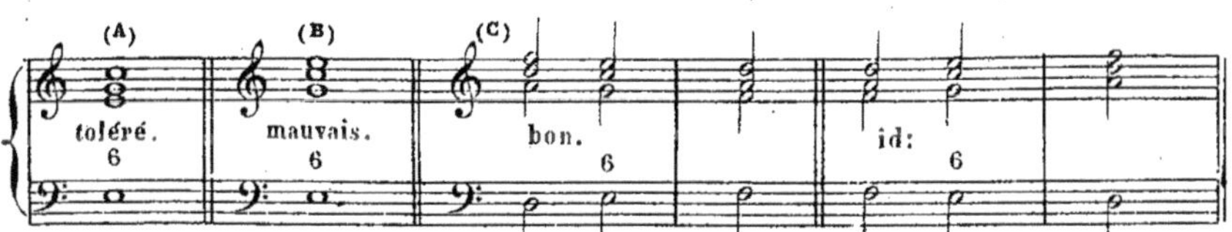

45. _Dans l'accord de sixte, on ne double pas la note de basse,[1] si ce n'est quelque fois à une partie intermédiaire,(A) mais jamais à la partie supérieure (B) à moins que cette note et sa doublure ne marchent par degrés conjoints et mouvement contraire (C).

Dans l'accord de sixte sur le 4ᵉ degré on double assez souvent le 4ᵉ degré, même à la partie supérieure (D).

46. _Dans l'accord de sixte sur le deuxième degré, c'est la sixte qu'il ne faut pas doubler, car cette sixte est la note sensible.

Attirée par la tonique, sur laquelle elle doit monter, ou, comme on dit, faire sa résolution, la sensible doublée devrait deux fois se résoudre sur la tonique, ce qui donnerait deux octaves consécutives par mouvement semblable.

On ne peut doubler la note sensible que dans les cas où elle ne va pas à la tonique.

PROGRESSIONS DE SIXTES.

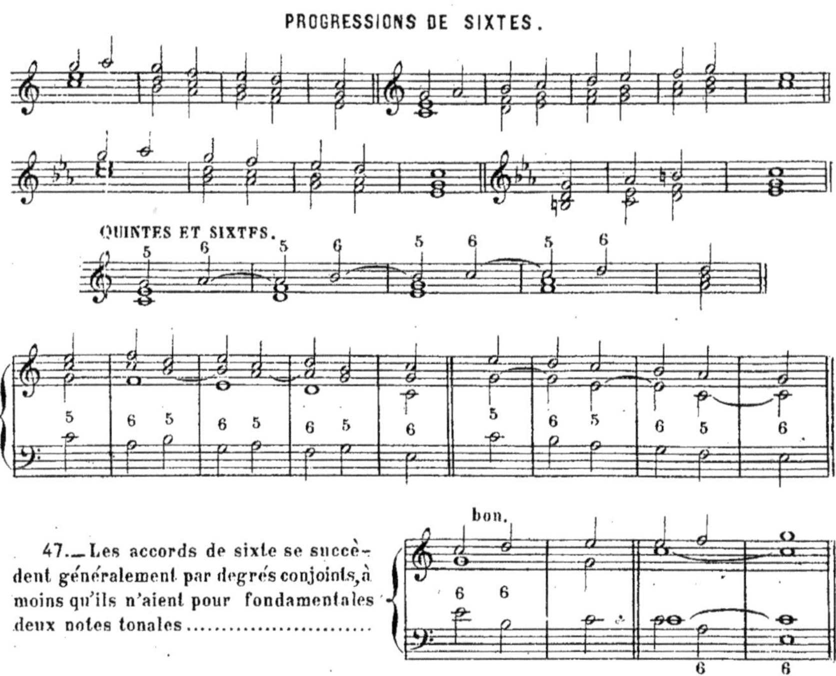

47. _Les accords de sixte se succèdent généralement par degrés conjoints, à moins qu'ils n'aient pour fondamentales deux notes tonales.........................

(1) _La raison de cette règle est probablement la tendance ascendante du SI dans l'accord $\{$ SOL, RE, SI $\}$

La prohibition aura été étendue aux accords $\{$ UT, SOL, MI $\}$ et $\{$ FA, UT, LA $\}$ bien que, dans le dernier, le LA n'ait aucune tendance à monter.

Dans l'accord de sixte du 4ᵉ degré $\{$ RE, LA, FA $\}$ le FA n'ayant pas de caractère attractif peut être doublé.

quant aux accords $\{$ LA, MI, UT $\}$ $\{$ MI, SI, SOL $\}$ le 1ᵉʳ comme on l'a vu, s'emploie rarement, et le 2ᵉ plus rarement encore.

C'est par analogie que dans le mode mineur, on évite de doubler la basse des accords $\{$ UT, SOL, MI♭ $\}$ $\{$ FA, UT, LA♭ $\}$

On trouve quelquefois des exemples comme les suivants, où la basse procède par tierce inférieure ....

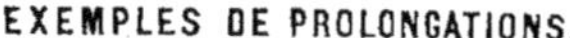

48. — L'accord parfait et son premier renversement furent longtemps les seuls éléments employés par les harmonistes. Mais alors ils étaient souvent modifiés par la *prolongation* et les *notes de passage*. Aujourd'hui on les modifie en outre par les *appoggiatures*, la *syncope*, l'*anticipation*, l'*altération*, la *pédale*.

On appelle notes accidentelles, ces notes étrangères à l'harmonie.

PROLONGATIONS.

49. — Dans la succession d'un accord à un autre, toute note du premier accord qui descend d'un degré sur une note du second peut être prolongée.

Cela tient à ce que les notes de la gamme ont une tendance à descendre; elles gravitent pour ainsi dire, vers la tonique inférieure. Les seules notes qui aient la tendance ascendante sont la sensible, le 3e degré du mode majeur et généralement toutes les notes qui ne sont distantes que d'un demi-ton de la note supérieure; leur prolongation par conséquent peut se résoudre en montant.

EXEMPLES DE PROLONGATIONS.

Le 2e accord se trouve ainsi modifié par une dissonance de 7e $\begin{cases} Ut \\ Ré \end{cases}$

La note *Mi* qui descend d'un degré sur le *Ré* peut être aussi prolongée. mais alors il n'y a pas dissonance; l'accord de *Sol* n'est pas modifié, mais remplacé momentanément par l'accord de sixte $\begin{cases} Mi \\ Si \\ Sol \end{cases}$ plus faible encore que l'accord à l'état direct $\begin{cases} Si \\ Sol \\ Mi \end{cases}$ aussi emploie-t-on très peu cette prolongation.

La prolongation peut se faire dans une partie quelconque.

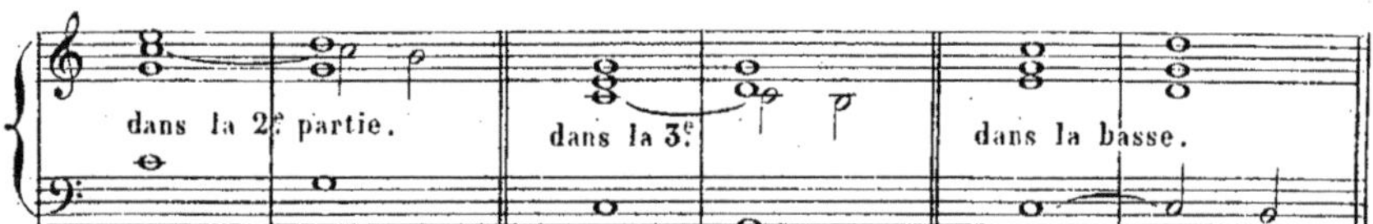

La note entendue avant sa prolongation est ce qu'on appelle la *préparation*. En descendant d'un degré après sa prolongation elle fait sa *résolution* ....

La note de résolution est dite *retardée* ou *suspendue*.

(**1**) *On peut écrire aussi:*

Les prolongations s'indiquent abréviativement par des chiffres placés sur la basse, chiffres marquant les intervalles que font avec la basse, la prolongation et sa résolution; ou,
si la prolongation se fait dans la basse, les intervalles que forment avec les parties supérieures, la prolongation et sa résolution.

ainsi

signifient

50.—La préparation peut commencer sur une mesure forte ou faible, une partie du temps
forte ou faible; mais la prolongation ne peut se faire que sur une mesure forte, un temps
fort, une partie forte de temps, et la résolution sur une mesure faible, un temps faible,
une partie faible.

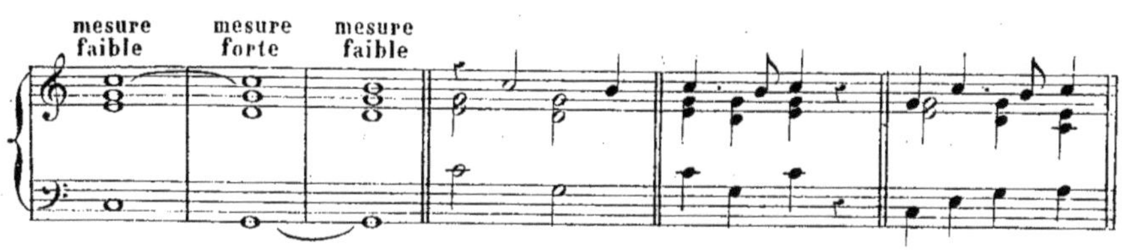

Ce dernier exemple n'est pas
mauvais, le 2e temps est fort
relativement au 3e, cependant
il est bon de n'en pas abuser;
un son ou accord plus long que
le précédent attire à lui toute

la force et *déplace* pour ainsi dire le temps fort.

Ainsi l'exemple suivant:

produira sur l'oreille l'effet de:

Le même exemple avec prolongation.

produira l'effet de

51.—La préparation doit être d'une durée au moins égale à la prolongation..............

52.—On ne peut faire entendre la note retardée en même temps que la prolongation qui retarde cette note si ce n'est à *la basse* (¹) et principalement lorsque la note retardée est la fondamentale de l'accord.

Dans ces deux derniers cas la sensible doit, par exception, *descendre* sur la dominante si elle est dans une partie intermédiaire, et *monter* sur la dominante ou mieux sur le 3ᵉ degré, si elle est à la partie supérieure.

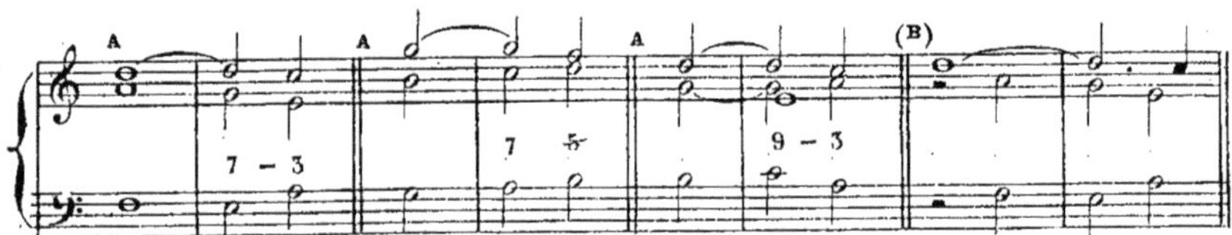

53.—L'accord peut changer au moment de la résolution (A A A) et même avant (B)

PROGRESSIONS AVEC RETARDS.

(¹) *De nos jours cette règle n'est plus rigoureusement observée et l'on fait souvent entendre à l'octave inférieure dans une partie quelconque une note en même temps que sa prolongation surtout si c'est une fondamentale.* ....

54.— Quelquefois une prolongation, avant de se résoudre, passe par une note réelle..................

55.— On peut prolonger deux notes à la fois, et plus, comme on le verra par la suite.

Deux quintes consécutives ne peuvent être évitées par une prolongation ....

mais elles peuvent l'être par une double prolongation si l'agrégation résultante peut être considérée comme accord...

NOTES DE PASSAGE.

56. — *Les notes de passage* sont des notes étrangères à l'accord sur lequel elles sont placées et qui marchent par dégrés conjoints entre deux notes *réelles*, c'est-à-dire faisant partie de l'accord.

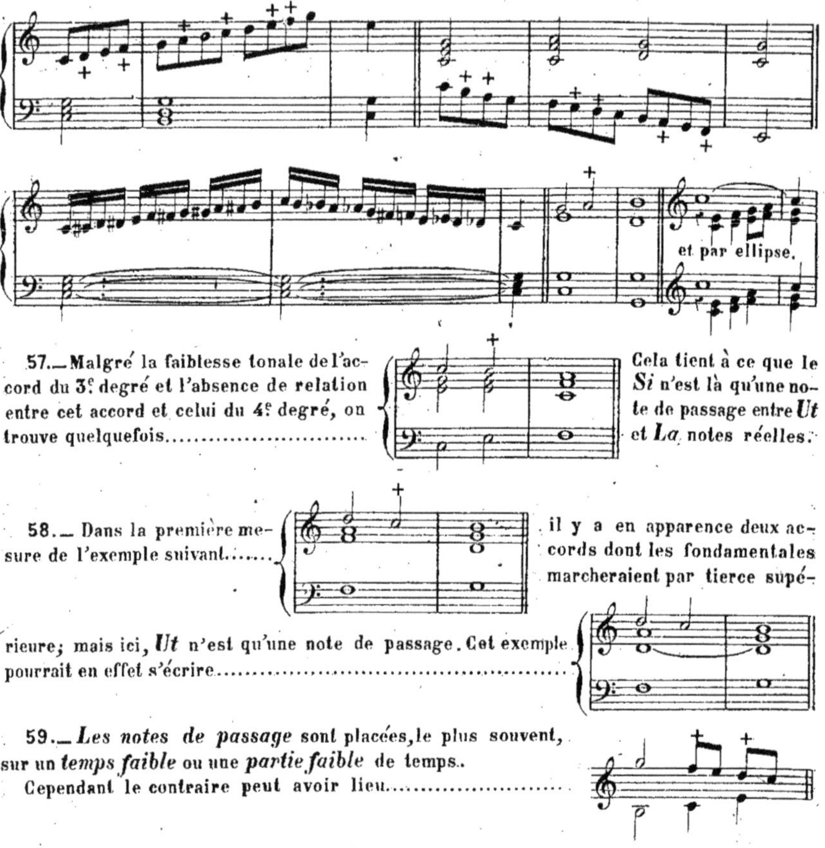

57. — Malgré la faiblesse tonale de l'accord du 3.⁰ degré et l'absence de relation entre cet accord et celui du 4.⁰ degré, on trouve quelquefois..................... Cela tient à ce que le *Si* n'est là qu'une note de passage entre *Ut* et *La*, notes réelles.

58. — Dans la première mesure de l'exemple suivant........ il y a en apparence deux accords dont les fondamentales marcheraient par tierce supérieure; mais ici, *Ut* n'est qu'une note de passage. Cet exemple pourrait en effet s'écrire.....................

59. — *Les notes de passage* sont placées, le plus souvent, sur un *temps faible* ou une *partie faible* de temps.
Cependant le contraire peut avoir lieu.....................

Les anciens appelaient *note changée* la note de passage sur le temps fort ou la partie forte du temps.
Si la note *changée* est longue, on fera bien de ne pas doubler la note réelle qu'elle retarde, si ce n'est dans la basse (¹) et principalement lorsque cette note retardée est une fondamentale.

60. — Les échanges de note se font souvent avec notes de passage. Il y a échange de notes entre deux parties quand une note de la première partie passe dans la seconde en même temps que la note de la seconde partie passe dans la première.

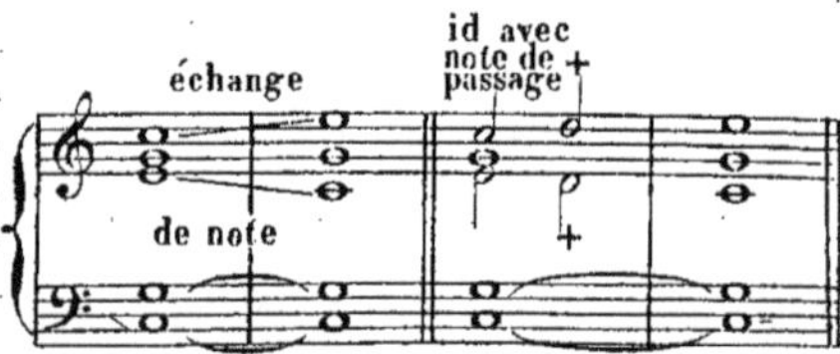

(¹) Ou au moins à l'octave inférieure.

61. — Les notes de passage peuvent avoir lieu simultanément dans deux, trois, quatre parties et plus.

62. — La note de passage proprement dite est placée entre deux notes réelles de degrés différents. Lorsqu'elle est placée entre deux notes du même degré, elle reçoit le nom de *broderie*.

Dans ces exemples le *Ré* et le *Si* sont des broderies de l'*Ut*, note réelle. Le *Ré* est broderie supérieure, le *Si* broderie inférieure. La broderie inférieure est ordinairement à distance de seconde mineure de la note réelle, surtout si elle a une certaine durée, ou si elle se répète.

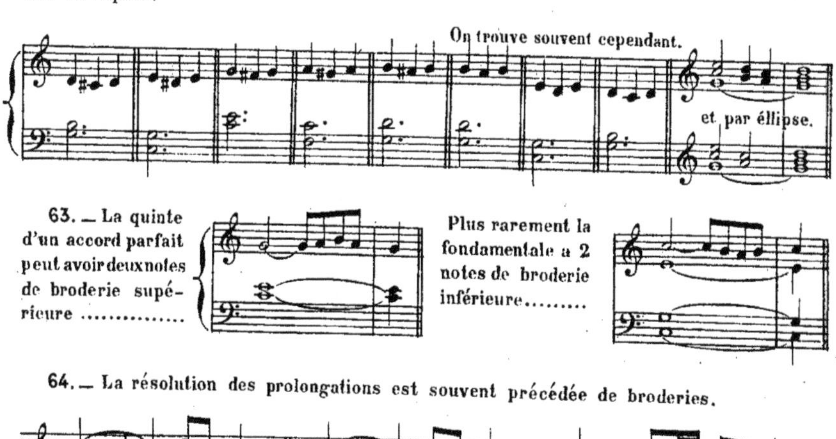

63. — La quinte d'un accord parfait peut avoir deux notes de broderie supérieure ....

Plus rarement la fondamentale a 2 notes de broderie inférieure.........

64. — La résolution des prolongations est souvent précédée de broderies.

· La note qui reste prend le nom d'*échappée*, si elle n'appartient pas à l'accord suivant (Ex: 2). Dans le cas contraire elle se rattache aux *anticipations*.

On appelle anticipation toute note qui se fait entendre avant l'arrivée de l'accord auquel elle appartient...............

Dans le N°. 3, les notes restantes *Ré* ♯ et *Ut* ♯ sont des *appoggiatures*.

APPOGGIATURES.

66. — Une note réelle qui peut être, comme on l'a vu, *retardée* ou suspendue par la prolongation, peut l'être aussi par *l'appoggiature*, note voisine, supérieure ou inférieure de la note réelle.

L'appoggiature s'attaque sans préparation.

Lorsque la note voisine inférieure est distante d'une seconde majeure de la note réelle, il faut l'altérer pour lui donner la tendance ascendante....................

67. — D'après cette définition, la véritable place de l'appoggiature est sur une mesure forte, un temps fort, une partie forte de temps. Cependant la musique moderne l'admet sur le temps faible, la partie faible....................

68. — Si une note réelle est précédée de son appoggiature, une note de passage pourra former avec cette appoggiature un intervalle mélodique de *tierce* ou de *prime* (voyez 8)

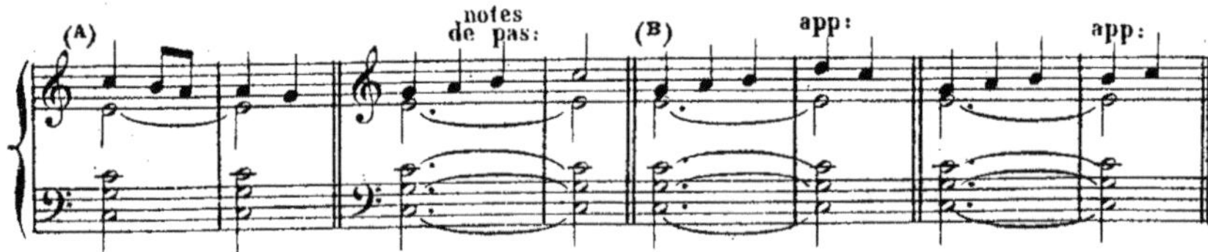

Dans les exemples (A) (B) et (C) l'appoggiature a l'apparence d'une prolongation de la note de passage. D'où cette règle: *une note de passage peut être prolongée.*

69. — Il est bon de traiter les appoggiatures du temps fort comme les prolongations, c'est-à-dire de ne pas faire entendre simultanément la note *réelle et son appoggiature*, surtout quand celle-ci n'est qu'à distance de seconde mineure supérieure de la note réelle ou qu'elle à une certaine durée. (Cette règle n'est pas assez souvent observée.)

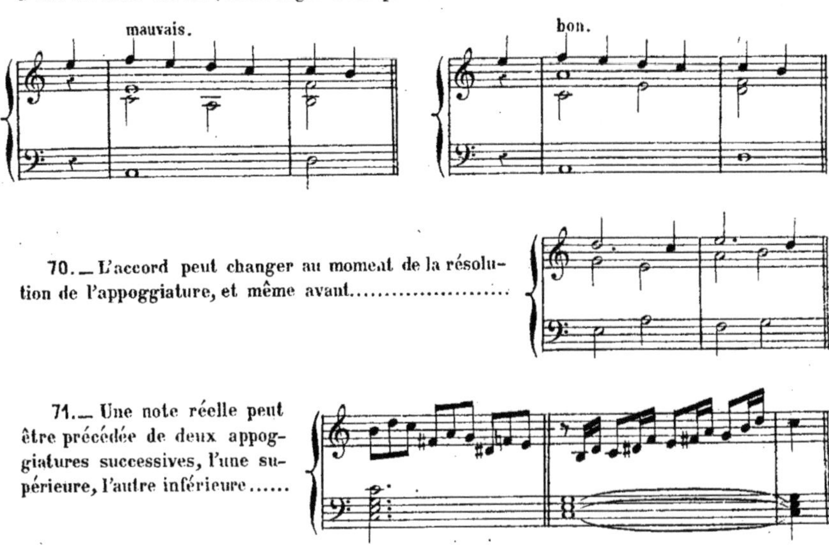

70. — L'accord peut changer au moment de la résolution de l'appoggiature, et même avant....................

71. — Une note réelle peut être précédée de deux appoggiatures successives, l'une supérieure, l'autre inférieure......

72. — L'appoggiature de la quinte dans l'accord parfait peut recevoir elle-même une appoggiature.

Cette appoggiature d'appog: est plus dure en (A) qu'en (B) à cause de la tendance ascendante du Si naturel.

73. — Les appoggiatures peuvent être *doubles, triples, quadruples.*

74. — L'appoggiature inférieure de la sensible est souvent d'une seconde majeure.

On trouve aussi mais beaucoup plus rarement.

75._ Les notes de passage sur le temps fort peuvent être considérées comme appoggiatures . . . .

76._ L'appoggiature étant surtout un ornement mélodique, se fait de préférence dans la partie la plus haute. On l'emploie plus rarement à la basse. En ce cas il faut ne frapper l'appoggiature qu'après l'accord . . . .

77._ Deux quintes consécutives sont tolérés lorsque la deuxième résulte d'une appoggiature ou d'une note de passage.

78._ La fausse relation est permise quand elle résulte d'une appoggiature . . . .

ALTÉRATIONS.

79._ Dans la succession d'un accord à un autre, toute note qui monte ou descend d'une seconde majeure peut être altérée de manière à monter ou descendre chromatiquement. Il faut en excepter les trois tonales auxquelles on ne peut appliquer l'altération descendante sans sortir du ton.

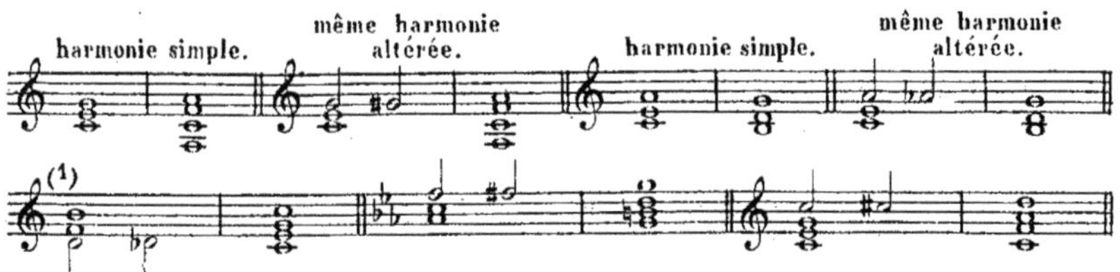

Dans ces exemples, la note altérée est précédée de la note sans altération. L'altération est alors *préparée* et peut être regardée comme une note de passage.

L'accord altéré s'attaque souvent sans préparation.

80._ L'accord parfait sous cette forme prend le nom d'accord de *quinte augmentée*. On le chiffre, c'est-à-dire, on l'indique abréviativement par un 5 placé au-dessus de la basse et précédé selon le cas, de X, #, ♮.

(1) *L'altération descendante du 2.ᵉ degré donne toujours un peu à la tonique qui suit le caractère d'une dominante.*

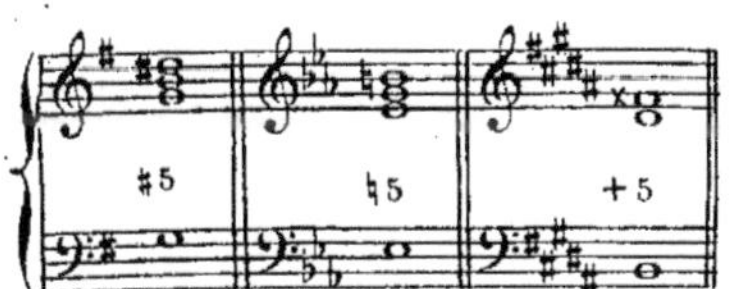

Son premier renversement se chiffre 6 6 6 ♯ ♮ × selon le cas.

L'accord de quinte augmentée peut provenir soit de l'altération ascendante de la quinte; soit de l'altération descendante de la basse..............

81. — L'accord de quinte augmentée $\begin{cases}Sol\,\sharp\\Mi\\Do\end{cases}$ a été mis au nombre des accords dissonants. Cependant tous les intervalles qu'il renferme sont consonnants. Ces intervalles sont les deux tierces majeures $\begin{cases}Mi\\Ut\end{cases}$ et $\begin{cases}Sol\,\sharp\\Mi\end{cases}$; la quinte augmentée $\begin{cases}Sol\,\sharp\\Ut\end{cases}$ produit isolément le même effet que la sixte mineure $\begin{cases}La\,\flat\\Ut\end{cases}$. Ce qui donne à cet accord son caractère dissonant, c'est la présence d'une note (*Sol* ♯) étrangère au ton d'*Ut* et même au ton de *La* mineur, où elle n'est employée que par analogie avec la sensible du mode majeur.

82. — Dans le 1ᵉʳ renversement de l'accord du second degré (mode mineur), on donne souvent à la fondamentale l'altération descendante, lors même que cette note descend de plus d'un degré.

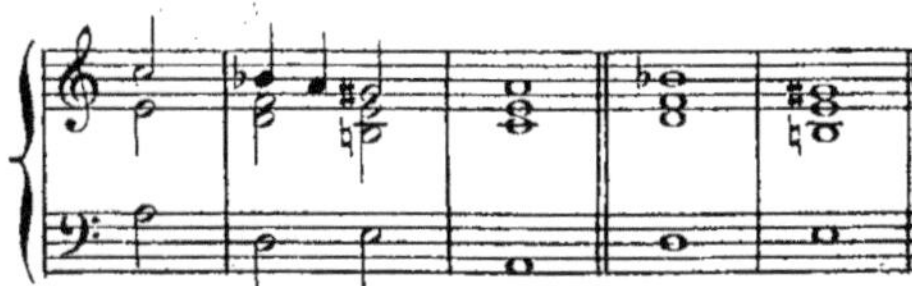

Cette altération donne à l'accord du second degré, l'apparence de l'accord parfait de *Si* ♭ majeur en son 1ᵉʳ renversement. Dans ces exemples, il y a fausse relation du *Si* ♭ au *Si* ♮. Cette fausse relation est inévitable si l'on écrivait ainsi ....

On aurait une quinte $\begin{cases}Si\\Mi\end{cases}$ prise par mouvement semblable, de plus la seconde partie aurait à franchir le mauvais intervalle de seconde augmentée, *Fa-Sol* ♯. On pourrait aussi employer l'altération du 2ᵉ degré dans l'accord non renversé....................

(ᴬ) Les altérations, notes de passage, appoggiatures ne doivent pas se faire au moyen d'une note étrangère à la gamme chromatique du ton dans lequel on est, ou dans lequel on va, tel que seraient *Sol* ♭ en ton d'*Ut*, (¹) *Mi* ♭, *Ré* ♭ en *La* mineur.

Il ne faut donc pas écrire..........

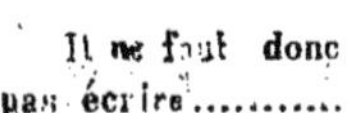

(¹) *Nous avons démontré (Théorie simplifiée de la musique) que Sol ♭ n'appartient pas à la gamme chromatique du ton d'Ut, non plus que Ut ♭ et Fa ♭; cependant il en est moins éloigné que ces deux dernières notes. Il est même des cas où il y peut figurer. (Voyez 129.) (ᴬ)*

83. — L'altération pouvant être considérée comme note de passage, on pourra écrire..............................

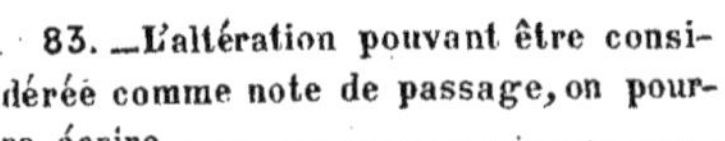

SYNCOPE.

84. — La syncope est une prolongation, de courte durée, d'une note quelconque, réelle, de passage, appoggiature.

PÉDALE.

85. — La pédale est une note soutenue pendant une série d'accords, bien qu'étrangère à plusieurs d'entre eux.

Elle a lieu sur la tonique et sur la dominante, surtout à la basse. Elle appartient ordinairement au premier accord de la série et presque toujours au dernier.

On fait souvent des progressions sur la pédale.

ACCORD DE QUARTE ET SIXTE.

L'accord de *quarte et sixte*, deuxième renversement de l'accord parfait, n'a été employé que longtemps après les deux premières formes. Les premières fois qu'on le rencontre chez les compositeurs du XVIe siècle, il est le produit d'une double prolongation.

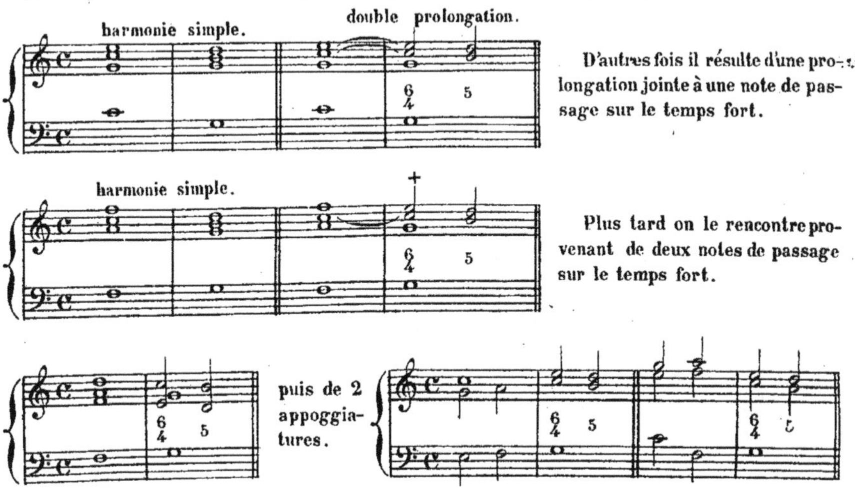

D'autres fois il résulte d'une prolongation jointe à une note de passage sur le temps fort.

Plus tard on le rencontre provenant de deux notes de passage sur le temps fort.

Il se place le plus souvent sur la dominante; rarement sur les autres degrés.................

87. — En résumé cet accord, placé sur le 5.e degré au temps fort, n'est qu'une *modification de l'accord de dominante*, soit par une double prolongation, soit par une prolongation réunie à une appoggiature, soit enfin par une double appoggiature. Ce qui explique pourquoi l'accord de quarte et sixte de dominante est placé sur le temps fort et suivi, sur le temps faible, de l'accord de dominante.

88. — Nous pouvons donc poser en principe que tout accord de dominante peut être précédé de l'accord de sixte et quarte de dominante sur le temps fort ou sur la partie forte du temps, ou sur la mesure forte. (¹)

D'où il résulte que tout accord qui précède bien l'accord de dominante précède également bien l'accord de *quarte et sixte* de dominante....................

89. — On a vu plus haut que l'accord peut changer au moment de la résolution du retard. C'est ce qui a lieu ici................

90. — L'accord une fois frappé, on peut changer à volonté la disposition de ses notes.

91. — Souvent entre l'accord de quarte et sixte de dominante et la résolution naturelle, on introduit un ou plusieurs accords.

92. — L'accord de quarte et sixte *de passage* se place sur tous les degrés et principalement sur le temps faible. Il résulte souvent d'une note de passage dans la basse.

(¹) *Tout ce qui est dit des* temps forts *et* faibles *s'applique également aux* mesures fortes *et* faibles, *aux* parties fortes *et* faibles de temps.

Les deux notes qui forment l'intervalle de *quarte juste* (4te mi-neure) ne doivent jamais se frapper simultanément..................... 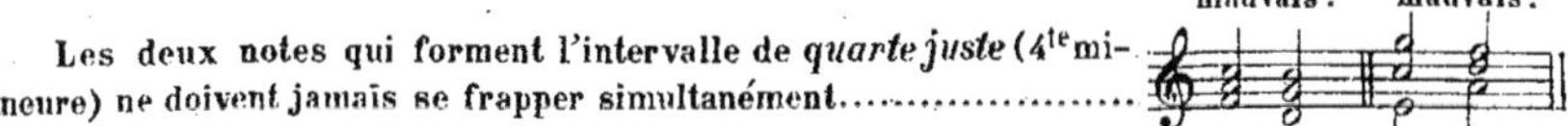

L'une des deux parties doit arriver sur la quarte par degrés conjoints pendant que l'au-tre partie reste en place c'est ce qu'on nomme préparation de la quarte.

La quarte doit faire ensuite sa *résolution*. Si elle a été *préparée* à la basse, la basse doit, sur l'accord résolutif, soit rester en place, soit ne monter ou ne descendre que d'un degré.

(L'exemple 2 où la basse se résout en montant est moins usité que les autres)

Si la préparation a eu lieu dans la partie haute, la basse doit continuer le mouvement ascendant ou descendant qu'elle a commencé.

La quarte à la basse n'a pas be-soin d'arriver par degrés conjoints s'il n'y a pas changement d'accord.........

L'accord de quinte mineure s'emploie dans son second renverse-ment; la quarte en étant majeure n'a pas besoin de préparation ...

Souvent l'accord de quarte et sixte de dominante une fois frappé, se traite ensuite com-me quarte et sixte de passage.

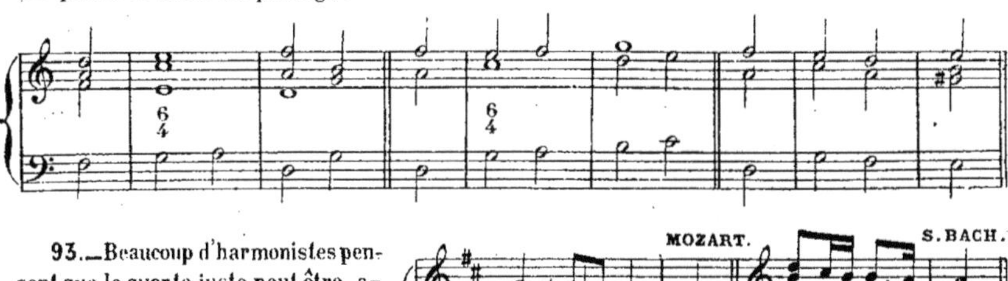

93.—Beaucoup d'harmonistes pen-sent que la quarte juste peut être a-menée par deux parties marchant par degrés conjoints ....
On trouve en effet...............

Cependant cëtte manière d'employer 6/4 est relativement rare.

94.—L'accord de quarte et sixte peut être à son tour modifié par les notes accidentelles.

L'accord de quarte et sixte de dominante est d'un emploi très fréquent dans les cadences.

CADENCES.

95.—L'accord final ne peut être que l'accord parfait de tonique à l'état direct. Celui qui le précède le mieux est l'accord de dominante.

La cadence parfaite se composera donc de l'accord parfait de tonique precede de celui de dominante....................

L'accord anté-pénultième pourra être celui de tonique, ou son premier renversement, celui du second degré ou son 1er renversement, celui du 4me degré ou son 1er renversement, celui du 6me degré à l'état direct.

Cadences parfaites.

96.—Nous avons dit que l'accord de dominante peut toujours être precédé, sur le temps fort de l'accord de quarte et sixte de dominante; toutes ces cadences pourront donc être modifiées ainsi:

Souvent après l'accord de quarte et sixte la basse descend d'une octave.

a 3 temps.

Les successions N° 2 *s'emploient plus rarement que les autres, à cau-se du mouvement ascendant de tierce bien que* les notes de la basse ne soient pas toutes deux fondamentales. *on fait de préférence:*

ou avec une no-te de passage....

Le mouvement de tier-ce en montant ne se fait guère que lorsqu'il n'y a pas de changement d'ac-cord.................... ou lorsque l'ac-cord de sixte est précédé de l'accord à l'état direct.....

Les cadences les plus fréquentes sont celles où la basse fait entendre les trois tonales............. La plus faible est celle qui se fait avec l'accord du six-ième degré

97.— La *demi cadence* a lieu sur la dominante. Pour changer une cadence parfaite en demi-cadence, il n'y a qu'à supprimer l'accord final....................

Le *quart de cadence* se fait le plus souvent avec la sous-dominante portant soit l'ac-cord parfait soit l'accord de sixte.

98.— Dans le mode majeur, la demi-cadence se fait quelquefois sur la dominante du mineur relatif................

99.— La *cadence* est *imparfaite* lorsqu'elle est sur le premier renversement de l'accord de tonique...............

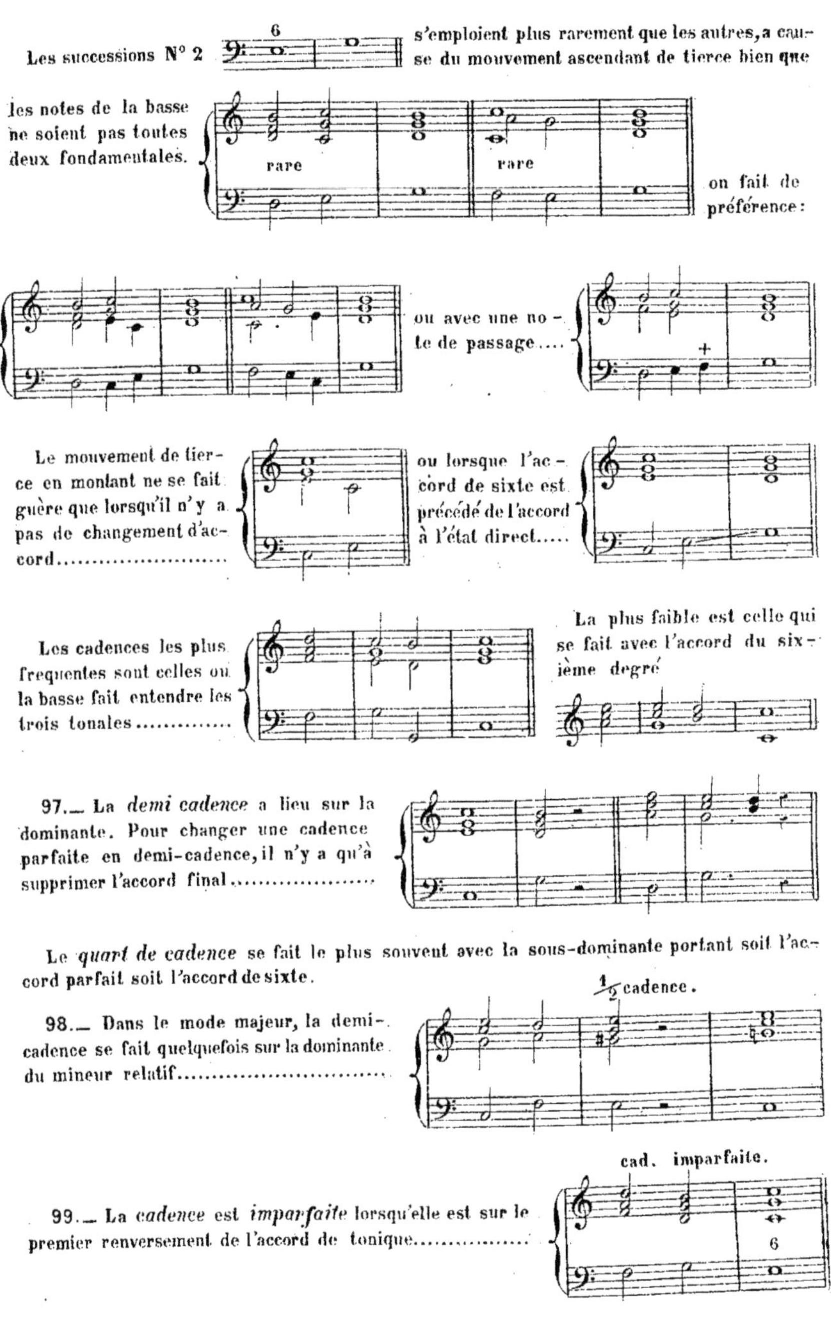

100.— La cadence est *rompue* lorsque l'accord de dominante se résout sur tout autre accord que celui de tonique.

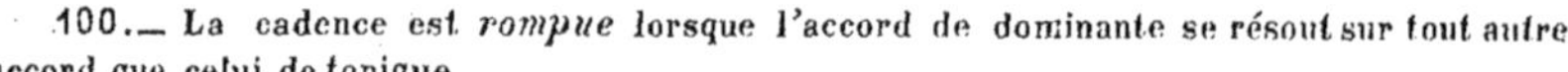

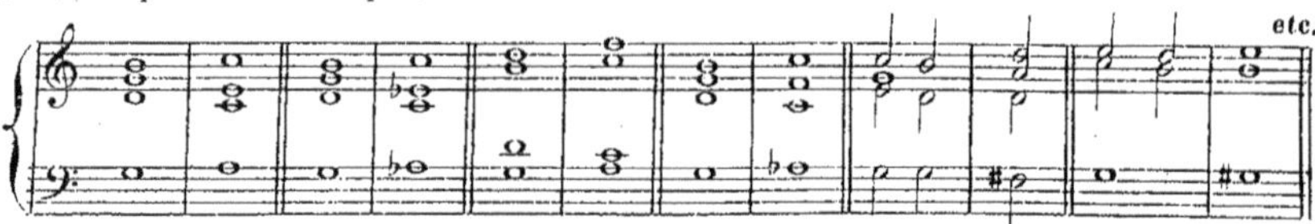

101.— La cadence est *plagale* lorsque l'accord final est précédé, non de l'accord de dominante, mais l'accord du 4ᵉ degré.........

OBSERVATION IMPORTANTE SUR LA SYNCOPE D'ACCORD.

102.— Un accord placé sur une mesure faible, un temps faible, une partie faible de temps ne doit pas être répété ou prolongé sur la mesure forte, le temps fort, la partie forte qui suivent, autrement il y aurait perturbation dans le rhythme.

En d'autres termes, on ne doit pas syncoper les accords.............

Les nombreuses syncopes d'accords contenues dans cet exemple en rendent le rhythme inintelligible.

La syncope d'accord est un peu affaiblie, mais non détruite par le changement d'un accord en l'un de ses renversements et *vice-versa*, ou par le changement d'un renversement en un autre....................................

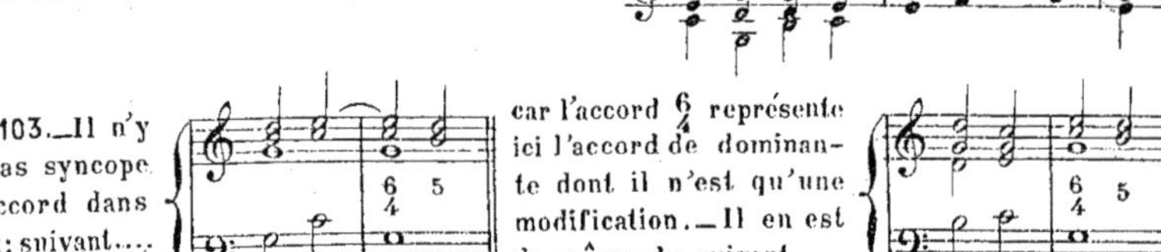

103.—Il n'y a pas syncope d'accord dans l'ex: suivant.....

car l'accord $\frac{6}{4}$ représente ici l'accord de dominante dont il n'est qu'une modification.— Il en est de même du suivant.....

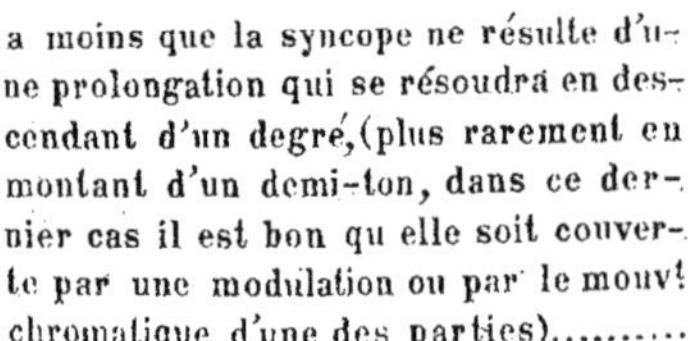

104.—Non seulement il ne faut pas syncoper un accord entier, mais encore on doit éviter de syncoper la basse, lors même qu'il y aurait changement d'accord...................................

à moins que la syncope ne résulte d'une prolongation qui se résoudra en descendant d'un degré,(plus rarement en montant d'un demi-ton, dans ce dernier cas il est bon qu'elle soit couverte par une modulation ou par le mouvᵗ chromatique d'une des parties).........

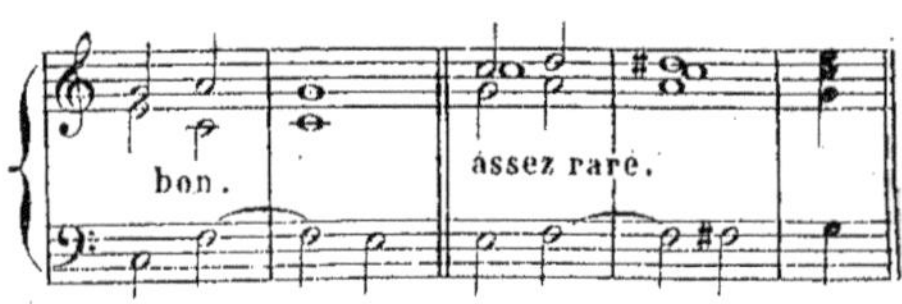

105. — On peut syncoper le premier et l'avant dernier accord d'une phrase............

Encore autrefois évitait-on ce 2.e cas comme nous le verrons.

106. — On évite généralement de syncoper à la fois la pre-mière partie et la basse........

MODULATIONS.

107. — Bien que l'on emploie rarement les seuls accords parfaits pour moduler, on peut avec eux passer d'un ton donné aux tons les plus éloignés.

Pour moduler on se sert de l'accord de dominante du ton ou l'on va. Il faut se rap-peler que tout accord parfait peut être suivi de l'accord de dominante d'un de ses relatifs. Ajoutons que le ton principal étant bien établi, chacun des accords qui lui sont relatifs pourra s'enchainer avec la dominante d'un autre de ses relatifs, lors même que ces deux accords ne seraient pas relatifs entre eux.

EXEMPLE en *UT*.

L'accord du 2.e degré s'enchaine ici avec l'accord de dominante (1.er renversement) du 3.e degré; ces deux degrés ne soient pas relatifs l'un de l'autre, mais tous les deux sont relatifs d'*Ut* majeur.

MODULATIONS AUX TONS RELATIFS.

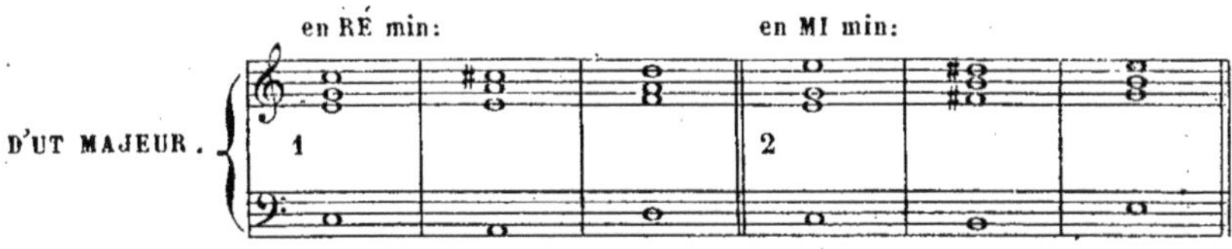

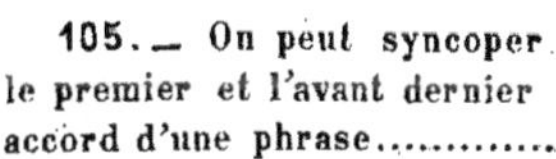

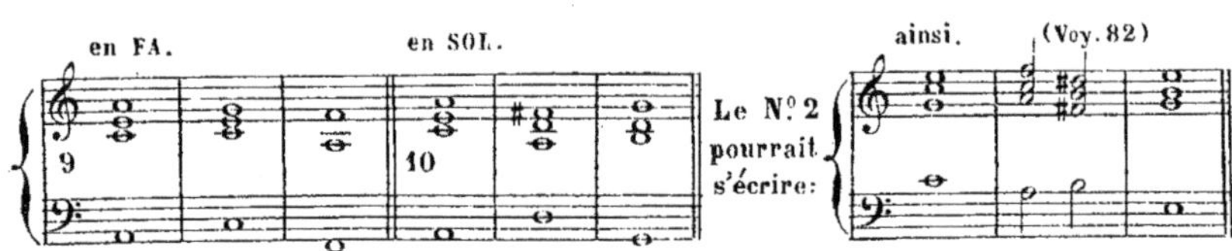

Nº 3. Le ton de Fa n'est pas suffisamment établi. En pareil cas on affermit le nouveau ton par la cadence parfaite avec les 3 tonales.

Les versions suivantes sont préférables à celle du Nº 4...................

Au Nº 5 la basse monte de tierce, mais ce mouvement est dissimulé par la succession chromatique qui absorbe l'attention.

On peut réaliser cette modulation de la manière suivante.

Le Nº 8 serait mieux ainsi:
(voyez 44)

Dans le Nº 9 la basse monte de tierce, le ton de *Fa* est faiblement déterminé mieux vaudrait...................

108.—On doit compter encore parmi les relatifs d'un ton majeur, le mineur de même tonique et ses principaux relatifs. Nous avons vu que les tons les plus relatifs d'un ton donné, majeur ou mineur, sont ceux de ses tonales puis celui du 2ᵉ degré et celui du 6ᵉ degré. *Ut* majeur aura donc encore pour relatifs, *Ut* mineur, *Fa* mineur et *La* ♭ majeur.

Le ton mineur de la dominante (*Sol* mineur) est très-peu relatif d'*Ut* majeur a cause de l'altération de la sensible (*Si* ♭). Quant au 2ᵉ degré du mode mineur il ne peut déterminer un ton, puisqu'il ne porte pas l'accord parfait.

On peut encore mettre au nombre des relatifs d'un ton majeur, la dominante du relatif proprement dit (en *Ut* majeur, *Mi* majeur qui est dominante de *La* mineur)

Les relatifs d'un ton mineur sont le ton majeur et le ton mineur de la dominante, la sous-dominante, le 7ᵉ degré *non sensible*, le 3ᵉ degré et le ton majeur de même tonique. Ainsi *La* mineur aura pour relatifs, *Mi* majeur, *Mi* mineur, *Ré* mineur, *Sol* ♮ majeur, *Ut* majeur et *La* majeur.

Il est facile de moduler d'*Ut* majeur en *Fa* mineur, le premier de ces tons étant dominante du second.

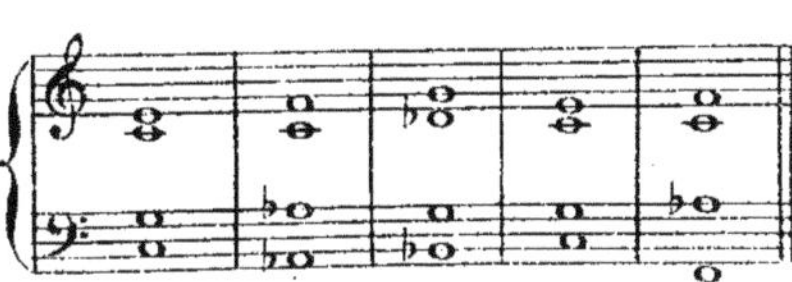

et d'UT majeur en LA ♭.

On module facilement aussi à la dominante du ton mineur relatif ....

109. — Dans les accords du 2ᵉ et du 4ᵉ degrés, mode majeur, on donne souvent au 6ᵉ degré l'altération descendante ....

110. — Dans le 1ᵉʳ renversement de l'accord du 2ᵉ degré, on donne souvent l'altération descendante non seulement au 6ᵉ degré mais encore au 2ᵉ ....

Cette formule peut servir à moduler à la seconde mineure inférieure, par ex: de *ré* ♭ en *ut*, d'*ut* en *si* etc

Elle donnerait la progression modulante par seconde mineure.

Lent.

peu usité.

etc

111._La marche des parties a une grande influence sur l'enchainement des accords. Ainsi deux accords se succèdent bien lorsqu'une des notes restant en place, les deux autres procedent par demi-tons en mouvement contraire.

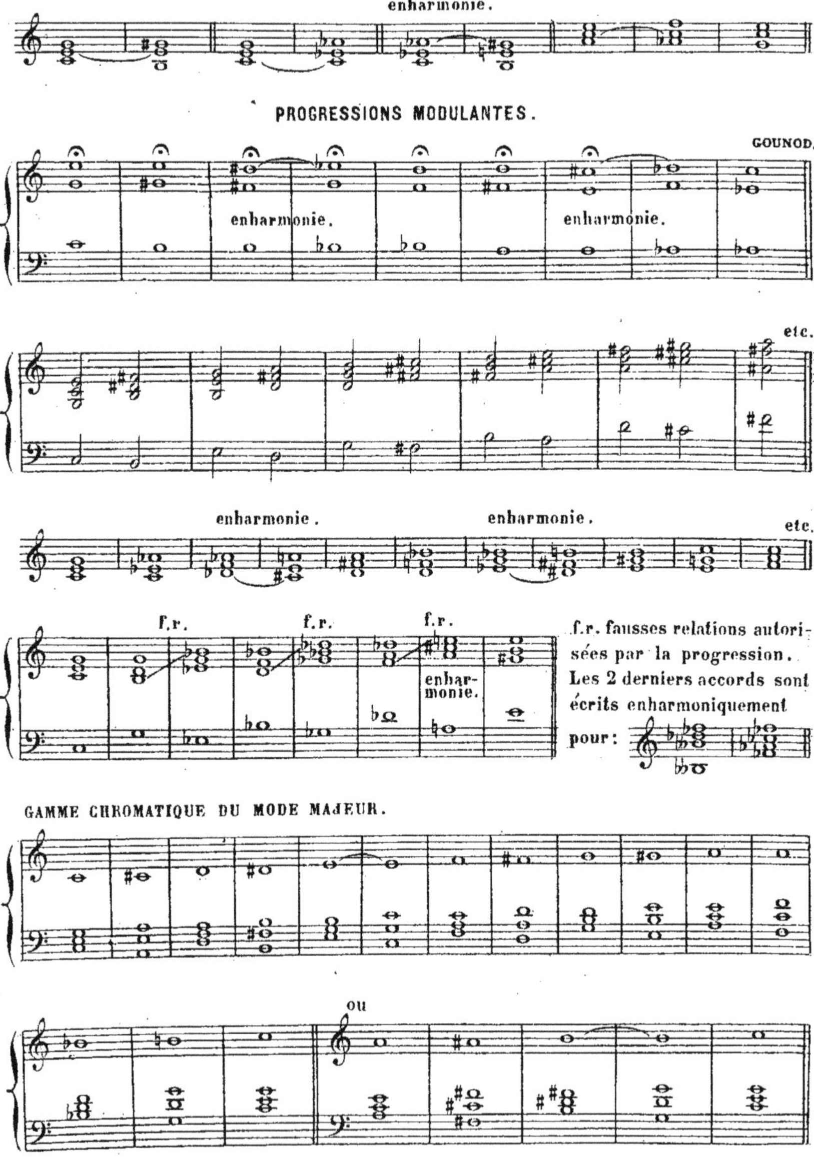

bon, mais
moins tonal

GAMME CHROMATIQUE DESCENDANTE.

moins tonal.

112.—La relation de triton entre la tierce majeure d'un accord et la tierce du ton mineur dans lequel on module peut rendre la modulation très dure.

Il y a, en effet relation entre *Ut* mineur et *Sol* mineur et non entre *Ut* majeur et
Sol mineur. L'accord majeur d'*Ut* ne peut-être considéré comme sous-dominante de
Sol mineur.

(a) est toléré par-
ceque *Sol* maj: et *Ré*
min: sont tous deux
relatifs du ton prin-
cipal, *Ut* maj:

Cependant cette relation est tolérable, si la 3ᶜᵉ ma -
jeure du 1ᵉʳ accord monte sur une sensible et devient
alors 6ᵉ degré altéré d'une gamme mineure...........

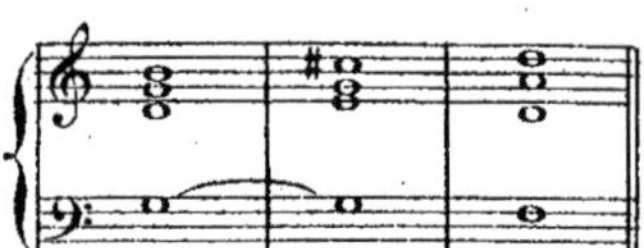

Au contraire la relation
de quarte diminuée entre la
tierce mineure d'un accord
et la tierce majeure d'un autre est excellente............

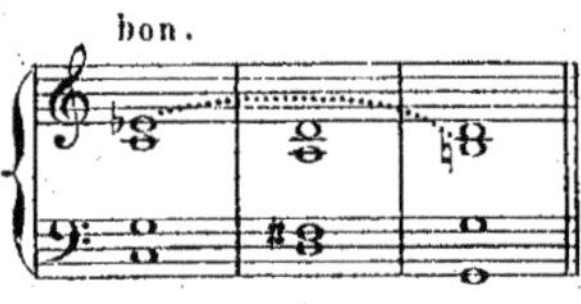

il y a, ici, relation entre *Ut*
min: et *Sol* maj:, et l'accord
min: d'*Ut* peut être considéré comme sous-dominan-
te de *Sol* maj:(109)

113.— Appliquons maintenant les principes qui viennent d'être établis.
Prenons par exemple la gamme majeure.

à accompagner par un seul
accord pour chaque note.

Si elle commence une phrase; le 1ᵉʳ accord ne peut être que celui de la tonique à l'é-
tat direct.

Le *Ré* appartient à l'accord du second degré et à l'accord de la dominante.

On ne pourrait employer ici l'accod du second degré qu'en son premier renversement,
autrement la basse *Ut Ré* et le chant *Ut Ré* donneraient deux octaves consécutives; mais
l'accord du second degré doit être suivi de l'accord de dominante, et la note suivante est
un *Mi* qui n'en fait pas partie.

C'est donc l'accord de dominante qu'il faut placer sous le *Ré.*

Le *Mi* est commun aux deux accords du 1ᵉʳ degré et du 6ᵉ chacun d'eux peut suivre
l'accord de dominante.

Mais avec l'accord du 6ᵉ degré, la basse *Sol La* et le chant *Ré Mi* formeraient deux
quintes défendues, à moins de renverser les accords, or, le renversement est très rare pour
le 6ᵉ degré; Il y aura donc avantage à choisir l'accord de tonique, qui sera très bien suivi,
sous le *Fa* de l'accord de sous-dominante, plus tonal que celui du 2ᵉ degré.

Le *Sol* est commun aux deux accords de tonique et de dominante (nous omettons l'accord du 3ᵉ degré dont l'usage est fort restreint). L'accord de *Fa*, qui précède, ayant plus
de relation avec celui d'*Ut* qu'avec celui de *Sol*, nous préférerons l'accord d'*Ut*.

Le *La* est commun aux trois accords du 2ᵉ du 4ᵉ et du 6ᵉ degré. Ce dernier est moins
tonal que les deux autres.

En essayant l'accord de *Ré* il faut prendre garde aux deux quintes *Ut Ré* de la basse
sous le chant *Sol La* et par conséquent renverser soit l'accord d'*Ut* qui précède, soit
l'accord actuel de *Ré*, soit tous les deux.

Le *Si* s'accompagne nécessairement de l'accord de *Sol* et l'*Ut* par l'accord de tonique, si l'on veut une cadence parfaite. Nous aurons donc:

Cette basse est correcte, mais
monotone, à cause de l'emploi
exclusif des fondamentales.
On pourrait la modifier.
ainsi:
ou
L'accord 6/4 de passage est employé ici suivant les conditions prescrites.
On peut faire avec
modulations passagères.
avec prolongations.
avec 2 accords sous chaque note du chant.
avec modulations passagères.
suite de 6te
6
4
6 5 6

GAMME A LA BASSE.

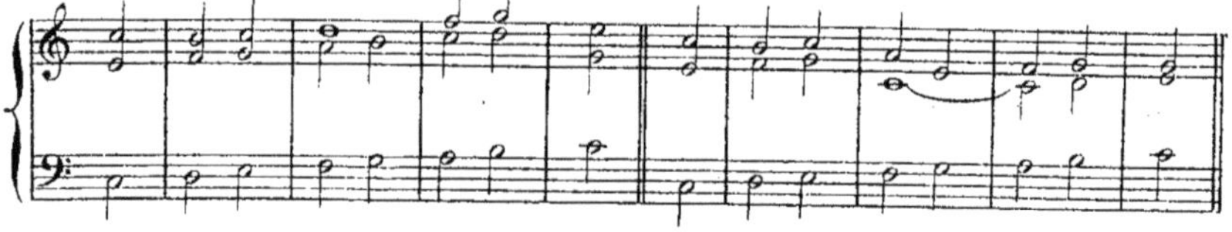

114. — Soit maintenant la phrase suivante d'un *choral* en mode mineur...............

Supposons cette mélodie accompagnée de la manière suivante..........

mauvais

mauvais.

Il y a syncope d'accord de la 1re mesure à la 2e de la 4e à la 5e de la 6e à la 7e de la 8e à la 9e

Les syncopes de la 1re mesure à la 2e, de la 6e à la 7e sont tolérées parce qu'elles se trouvent au commencement d'une phrase ou d'un membre de phrase.

Il n'en est pas de même de celles qui existent entre les mesures 4 et 5; 8 et 9. On les évitera de la manière suivante.

Ici il n'y a plus syncope car l'accord $\frac{6}{4}$ n'est autre que l'accord de domi- nante $\begin{cases} Sol^\sharp \\ Si \\ Mi \end{cases}$ modifié par la double pro- longation du *La* et de l'*Ut*.

La syncope peut encore être évitée par la prolongation simple.

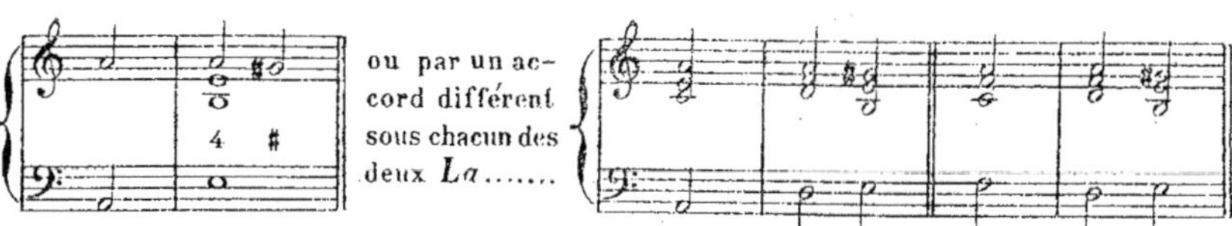

ou par un ac-
cord différent
sous chacun des
deux *La*......

La fausse relation du sol ♯ au sol ♮ (mesures 5 6) est tolérable parce qu'elle a lieu, non dans le courant d'une phrase, mais entre la fin d'une phrase et le commencement d'une autre.

On pourrait d'ailleurs l'é-viter ainsi :

Dans les 4 premières mesu-res le *la* est répété 4 fois, ce qui rend la basse monotone. On peut corriger ce défaut en mettant, mesures 3, 4......

Pour n'avoir pas 2 fois de suite *la-mi, la-mi* on remplacera l'accord de do-minante (mesure 2) par son 1er renversement............:

Mesures 7 et 8, pour ne pas res-ter trop long-temps hors du ton, on peut faire :

Il est facile de faire disparaître les syncopes tolérées des mesures. 1-2, 6-7.

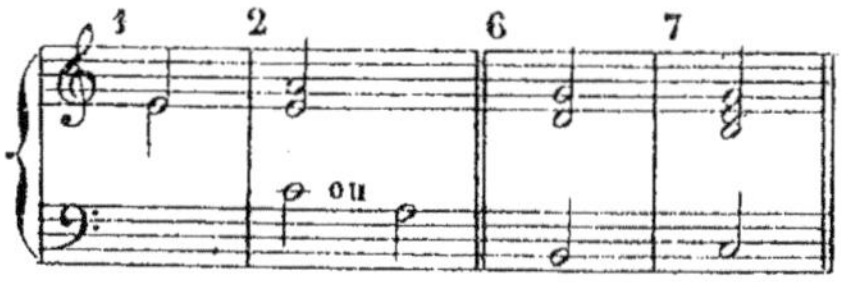

on aura alors :

115.— Soit a harmoniser la phrase suivante :

Vers le milieu de la phrase, mesure 4, il y a une demi-cadence qui doit se faire, com-me on le sait, sur la dominante.

Ce repos sera d'autant plus accentué qu'il aura lieu sur le temps fort; ce qui nous o-blige à considérer l'*Ut* comme une *appoggiature*.

Mesure 2, il y a également un repos,(quart de cadence) les mêmes considérations nous feront prendre le *Si* pour une *appoggiature*.

Les mesures 3 et 4 étant la reproduction, à la seconde supérieure des mesures 1 et 2, ces quatre mesures forment une progression mélodique que l'on pourra accompagner par une progression harmonique.

Le temps fort de la mesure 4 étant occupé par l'accord de *Sol*, il faudra que le temps fort de la mesure 2 le soit par l'accord de *Fa*.

Dès lors le *Fa* de la 1.re mesure ne peut être accompagné par l'accord de *Fa*, il y aurait syncope.................

ni par l'accord de *Ré* en son 1.er renversement, les fondamentales marcheraient par tierces ascendantes..............

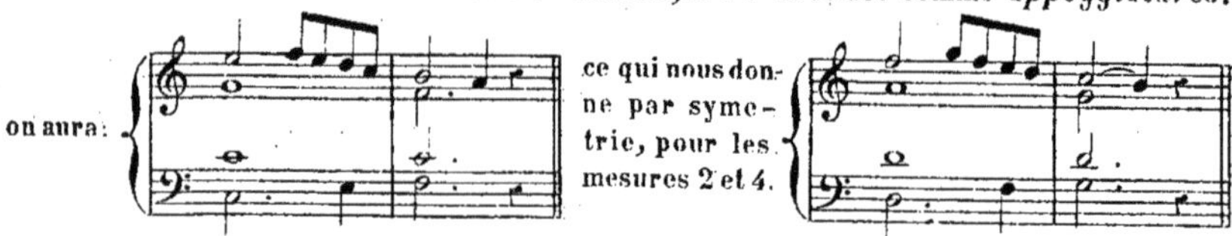

Il faut donc considérer dans cette 1.re mesure, le *Fa* et le *Ré* comme *appoggiatures*.

on aura :

ce qui nous donne par syme- trie, pour les mesures 2 et 4.

La mesure 5 parait continuer la progression, mais l'analogie cesse à la mesure 6. Le meilleur accord pour accompagner le *Sol* de la mesure 5 sera le 1.er renversement de la tonique, car le *Mi* continuera au moins la progression à la basse.

Mesure 6, le *Mi* par analogie avec les fragments précédents, sera considéré comme appoggiature les deux notes suivantes *Fa, Ré* ne peuvent appartenir (jusqu'ici du moins) qu'a l'accord de *Ré*.

il faudra donc :

ou bien.

et mieux :

Ce dernier accord (accord du 2.e degré) doit être suivi, on le sait, de l'accord de dominante précédé, ou non, de l'accord $\frac{6}{4}$.

En considérant le *Ré* de la mesure 7 comme appoggia- ture, on aura...............

et mieux :

parce que le 3.e temps se trouve ac- centué. Voici la phrase entière.......

ACCORD DE SEPTIÈME DE DOMINANTE.

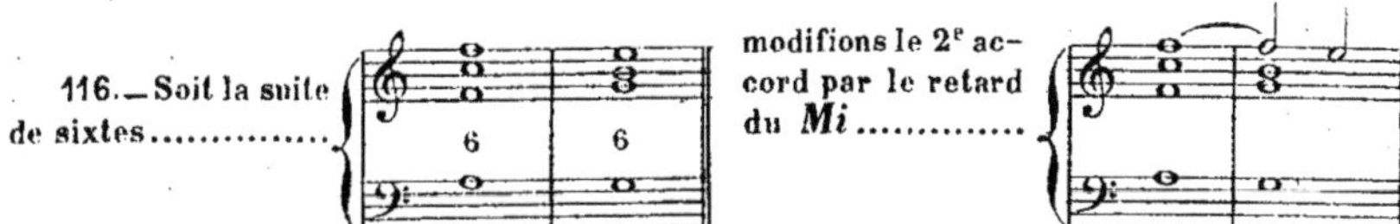

116.—Soit la suite de sixtes.............. modifions le 2ᵉ accord par le retard du *Mi*..............

C'est ainsi que cette succession s'employait autrefois sur le temps fort. Puis on s'aperçut que l'agrégation des notes *Sol, Si, Fa,* avait une tendance très prononcée vers l'accord d'*Ut,* et l'on changea l'accord au moment de la résolution du *Fa* sur le *Mi,* de la manière suivante:

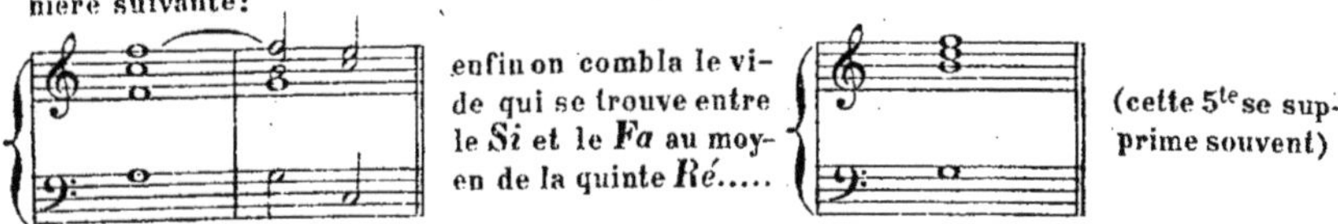

enfin on combla le vide qui se trouve entre le *Si* et le *Fa* au moyen de la quinte *Ré*.....

(cette 5ᵗᵉ se supprime souvent)

Cet accord est la *septième de dominante*.
Vers la fin du XVIᵉ siècle on en vint à l'attaquer sans préparation.

La septième de dominante peut résulter aussi d'une note de passage (sur le temps faible.) Dans ce cas la 5ᵗᵉ est une note intégrante de l'accord..........

117.—On fera bien de préparer la 7ᵉ lorsque cela sera possible.

et de ne pas l'attaquer par mouvᵗ semblable.

118.—La tendance de la septième de dominante vers l'accord de tonique résulte de l'attraction de la note sensible *Si* par la tonique *Ut* et du quatrième degré *Fa* par le troisième *Mi*.

Le *Fa* et le *Si* devront donc se résoudre respectivement sur le *Mi* et l'*Ut*. Il résulte de la qu'il ne faut doubler ni le *Si* ni le *Fa*.

119.—Voici la manière de chiffrer et de résoudre l'accord de septième de dominante et ses trois renversements.

Le signe + indique la note sensible.

Le 1er renversem.ᵗ ... s'appelle *accord de quinte min: et sixte.* Le 2ᵉ ... *accord de 6ᵗᵉ sensible.* Le 3ᵉ ... *accord de triton.*

Certains harmonistes chiffrent l'accord de 6ᵗᵉ sensible par $\frac{4}{3}$ et l'accord de triton par 2; mais pour le mode mineur et pour les modulations il devient indispensable d'indiquer l'altération de la *sixte* ou de la *quarte* .....

120.— Dans l'accord de 6ᵗᵉ sensible, lorsque la basse monte d'un degré, au lieu de descendre, il est permis de faire monter le 4ᵉ degré..................................

L'accord de sixte sensible est alors traité comme un accord de sixte simple, le *Sol* peut y être considéré comme pédale...........

On trouve même dans des auteurs célèbres, Hændel entre autres.............................. malgré les deux quintes.

De cette manière on évite de doubler, à la partie supérieure, la basse de l'accord de sixte.

En général, toutes les fois que la basse s'empare du 3ᵉ degré, qui est la note résolutive de la septième, cette 7ᵉ monte. Aussi trouve-t-on quelquefois............................... et même.

Cela est préférable à: *mauvais.* et surtout à: *très mauvais.*

Cependant lorsque la dominante, à la basse, descend sur le 3ᵉ degré, le mieux est d'accompagner cette dominante par l'accord parfait.

121.— La 7ᵉ peut monter d'un demi-ton, et la sensible descendre d'un ton sur une appoggiature ....

122. — L'accord de 6.te sensible (2.e renversement) ayant pour basse la 5.te (note ajou‑
tée) a été longtemps d'un emploi plus rare que les autres renversements. Pour s'en
servir on avait soin de *préparer* la quarte formée par le 2.e degré et la dominante.

On ne faisait donc pas :   mais bien :

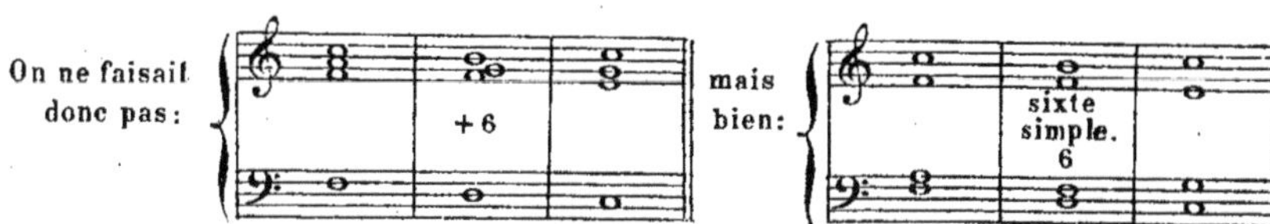

On pouvait écrire :

parce que, ici, les deux notes
formant quarte ne sont pas at‑
taquées simultanément.

123. — Remarquons que, à 4 parties, si l'accord direct de 7.e de dominante est complet,
l'accord de tonique, qui lui sert de résolution, sera privé de quinte.

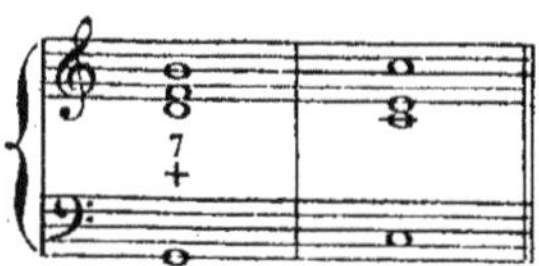

Si l'on veut avoir complet
l'accord résolutif, il faut dou‑
bler la note fondamentale et
supprimer la quinte.

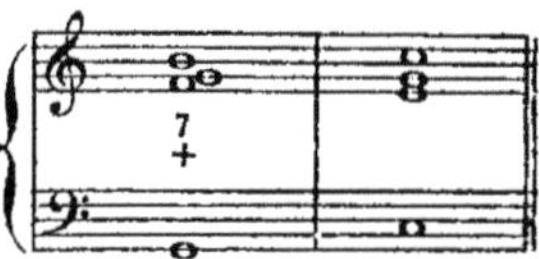

124. — Dans l'accord de triton, le 2.e degré monte sou‑
vent de quarte sur l'accord résolutif. On évite ainsi de
doubler la tonique à l'unisson......................................

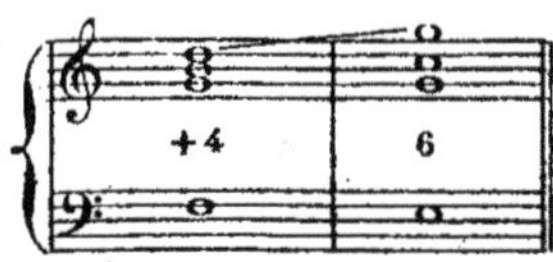

125. — L'accord de 7.e de dominante peut être modifié par les notes accidentelles :

peu usité.

Prolongations.

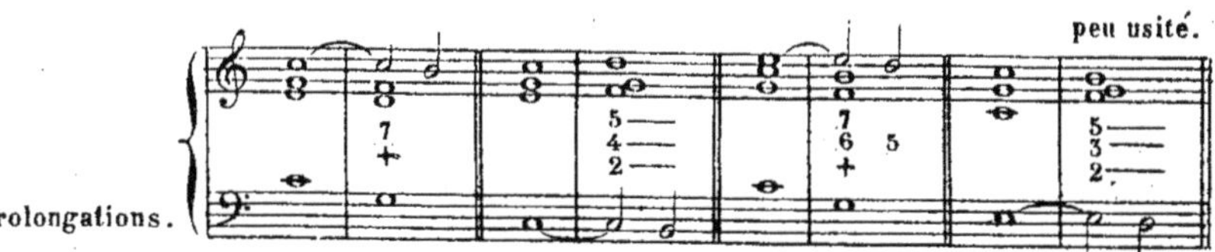

doubles prolong.

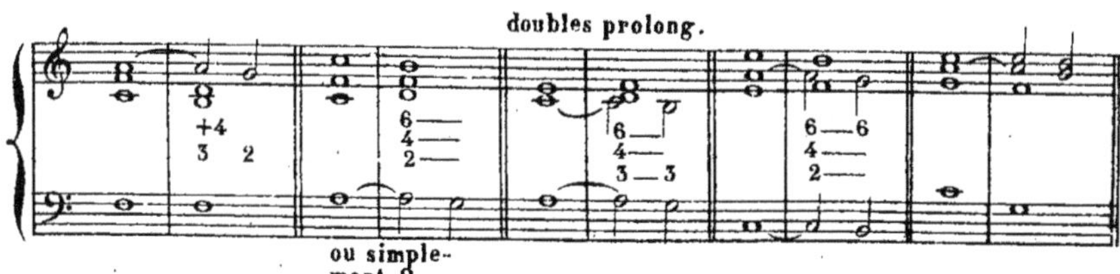

ou simple‑
ment 2.

L'accord de 7e peut former une triple prolongation sur la tonique.....

L'accord ainsi modifié se chiffre +7.

C'est ainsi qu'autrefois on évitait la syncope de l'avant-dernier accord d'une phrase On écrivait souvent ainsi :

Bien que les appoggiatures inférieures soient généralement d'un demi-ton, le *La* est i-ci préférable au *La* ♯; parce que ce dernier sonnant comme *Si* ♭, l'oreille peut confondre l'accord ainsi modifié avec un autre accord que nous étudierons plus tard.

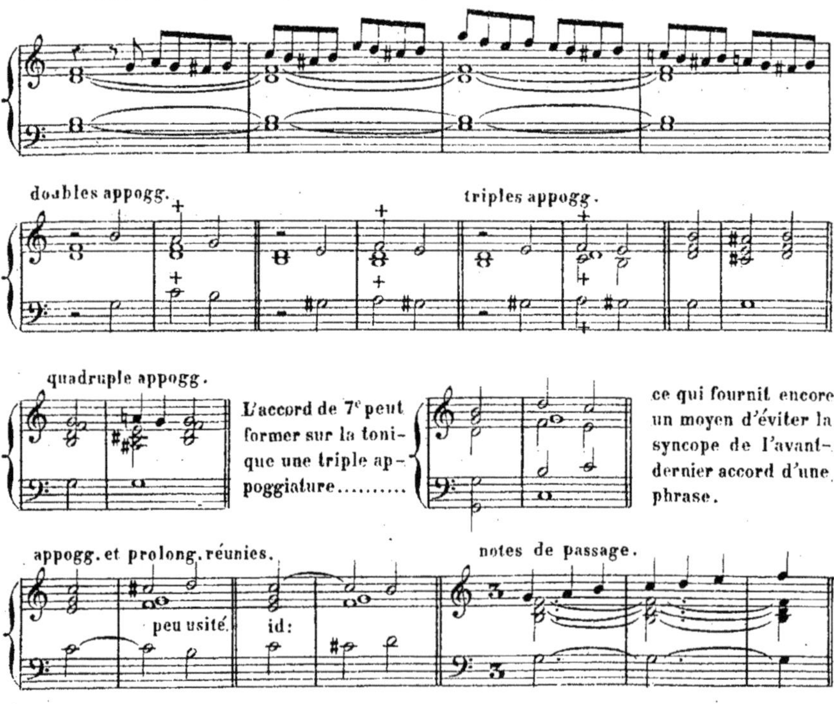

L'accord de 7e peut former sur la tonique une triple appoggiature.........

ce qui fournit encore un moyen d'éviter la syncope de l'avant-dernier accord d'une phrase.

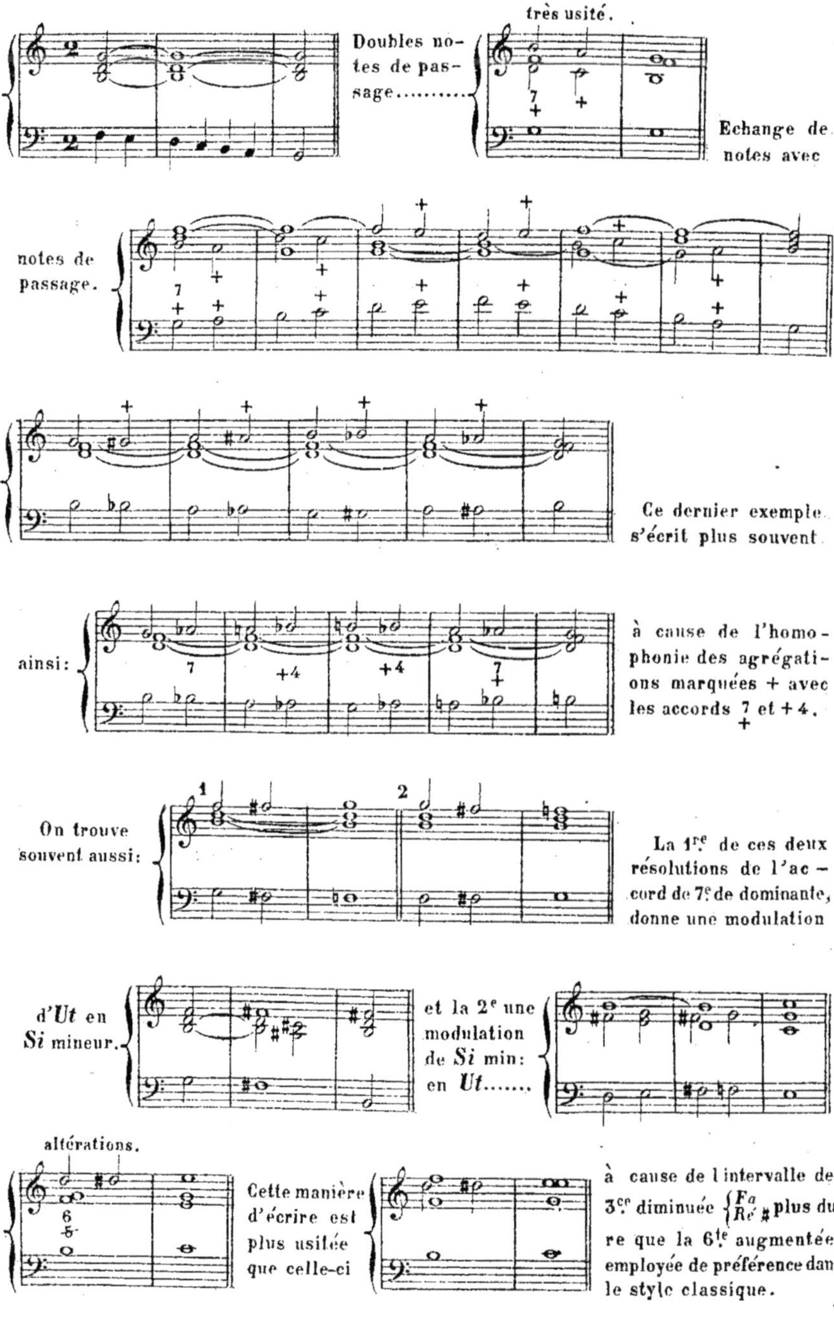
très usité.
Doubles no-
tes de pas-
sage..........
Echange de
notes avec
notes de
passage.
Ce dernier exemple
s'écrit plus souvent
ainsi:
à cause de l'homo-
phonie des agrégati-
ons marquées + avec
les accords 7 et +4.
On trouve
souvent aussi:
La 1re de ces deux
résolutions de l'ac-
cord de 7e de dominante,
donne une modulation
d'Ut en
Si mineur.
et la 2e une
modulation
de Si min:
en Ut.......
altérations.
Cette manière
d'écrire est
plus usitée
que celle-ci
à cause de l'intervalle de
3ce diminuée Fa / Ré# plus dure que la 6te augmentée
employée de préférence dans
le style classique.

plus usi-
tée que:
6
5
Par l'habitude d'entendre ces altérations, l'oreille est arrivée à les
accepter sans préparation, c'est-
à dire sans qu'elles soient précé-
dées de la note non altérée.
double altér.
ROSSINI
l'accord (a) s'ap-
pelle accord de
6te augmentée
avec 3ce et 4te
(a)
il y a ici 2 quintes entre
la 1re et la 3e partie,
double altér.
de la 5te
notes de passage, altér. et appogg.
peu usité.
peu usité.
altér. prolongée.
prolong. résolue sur une altér.
pédale.
+7
péd: double.
a trois parties, on supprime assez souvent la fondamentale de l'accord de 7e domin.

On emploie les mêmes succes- sions avec la pédale.........

Péd. supérieure.

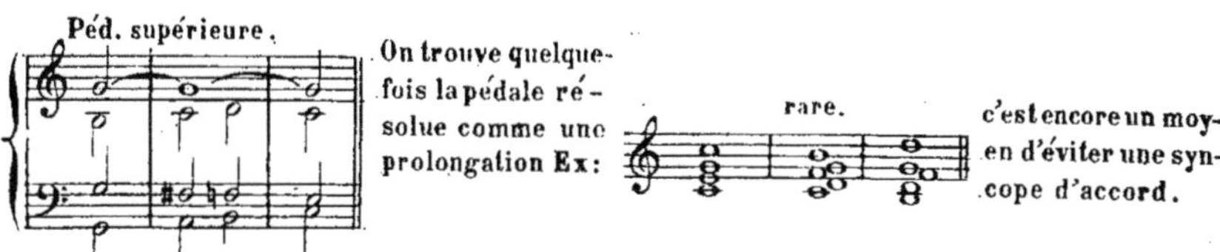

On trouve quelque- fois la pédale ré- solue comme une prolongation Ex:

c'est encore un moy- en d'éviter une syn- cope d'accord.

126. — L'accord de septième de dominante détermine mieux la tonalité que l'accord parfait du même degré et devra lui être préféré, principalement dans les modulations et les cadences parfaites :

CADENCES PARFAITES.

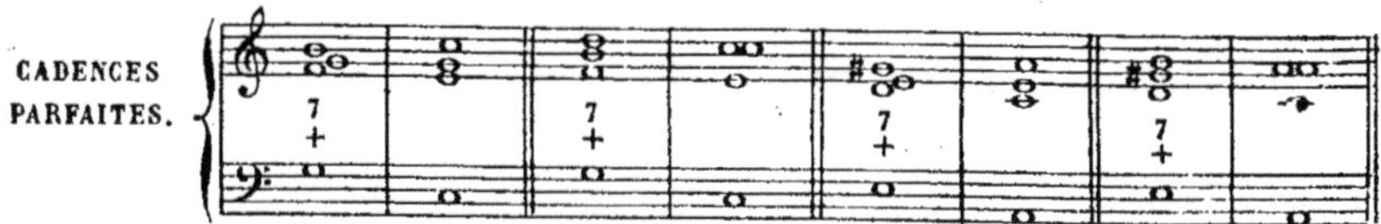

Il pourra toujours, comme l'accord parfait de dominante, être précédé, sur le temps fort, de l'accord de 4te et 6te de dominante. (1)

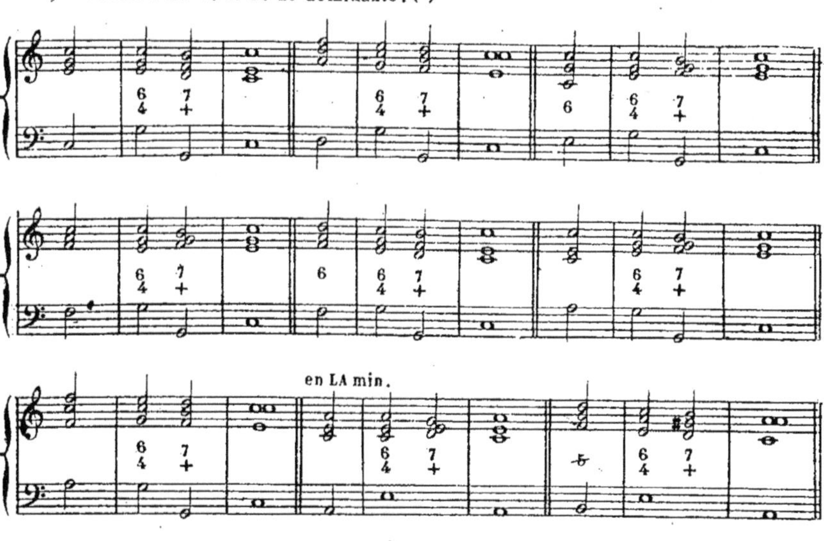

(**1**) *pourvu que la tonique, dans l'accord de sixte et quarte, ne soit pas amenée par un mouvement ascendant de 2de majeure.*

le Sol ♮ produit ici l'effet d'un 7e de- gré abaissé et n'a par conséquent au- cune tendance vers la tonique La.

Dans tous ces exemples, l'accord $\frac{6}{4}$ sur la dominante n'est, on se le rappelle, qu'une modification facultative de l'accord de dominante et peut être supprimé. L'accord de 7ᵉ de dominante peut donc suivre immédiatement le premier accord de chaque exemple.

128.— Nous avons dit que tout accord s'enchaîne bien avec l'accord de dominante d'un de ses relatifs.

L'accord de septième de dominante pourra donc être précédé d'un accord relatif de celui qui lui servira de résolution.

129.— D'après ce qui a été dit de la relation de *La* ♭ avec *Ut* on aura :

L'altération descendante du 2ᵉ degré, introduisant dans le ton d'*Ut* l'accord de *Ré* ♭, cet accord pourra être précédé de sa 7ᵉ dominante.

130.—Le ton principal étant bien établi, chacun des accords qui lui sont relatifs peut s'enchainer avec l'accord de 7ᵉ de dominante d'un autre de ses relatifs, lors même que ces deux accords relatifs du ton principal, ne seraient pas relatifs entre eux.

131.—Voyons maintenant de quels accords peut être suivi l'accord de 7ᵉ de dominante.

D'abord de l'accord de tonique à l'état direct, ce qui est la résolution normale et constitue la cadence *parfaite*. La cadence est *imparfaite* si la résolution se fait sur l'accord de sixte (en passant par l'accord de triton)

La cadence sera *rompue* si la résolution se fait sur tout autre accord.

Dans ce dernier exemple, l'accord de 7ᵉ de dominante se résout sur un autre accord de 7ᵉ de dominante, celui du ton de *Fa*; la note sensible, au lieu de monter à l'*Ut* descend chromatiquement au *Si♭*. Cette résolution est forcée. Autrement il y aurait fausse relation.

De cette résolution et de ses renversements....

il résulte que l'on peut faire:

la fausse relation du *Si* au *Si♭* est détruite par l'accord 6/4.

Le *Fa* est une note de passage qui prete à l'accord de *Sol* l'apparence de l'accord de triton.

De ce que l'on peut faire.

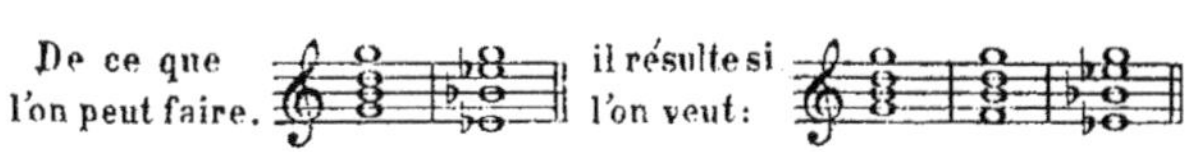

il résulte si l'on veut:

132.—On fait souvent des progressions de 7.e de dominante, progressions nécessairement modulantes.

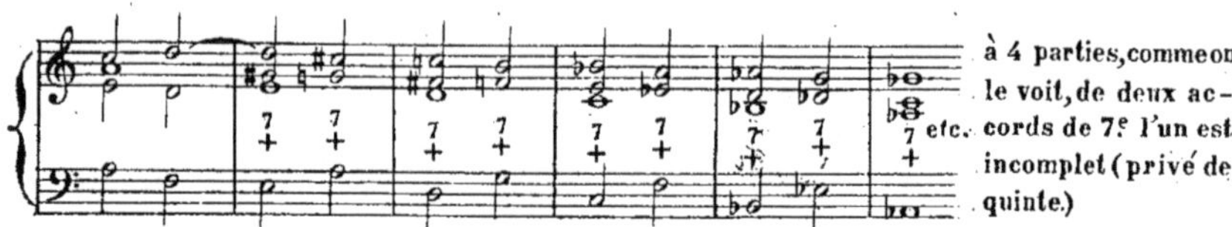

renvers.^{ts} de la même progression.

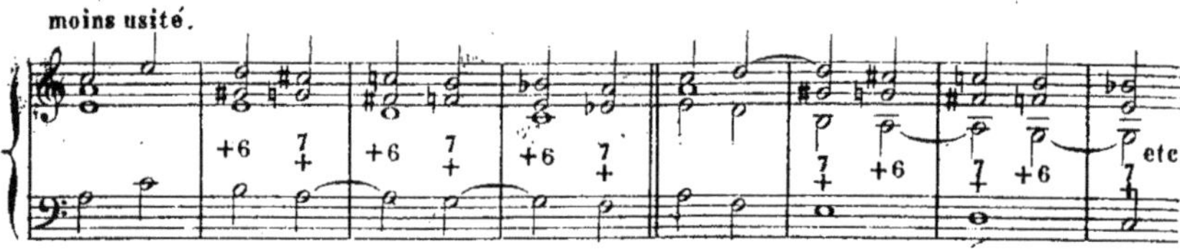

moins usité.

133.— Lorsque l'accord de 7.e se résout sur un autre accord de 7.e, la succession peut être modifiée par la prolongation.

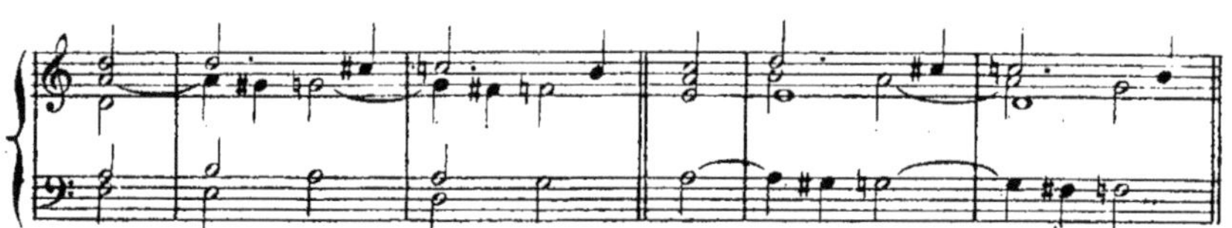

134.—Dans l'accord de 7.e de dominante si, deux des notes restant en place les deux autres se meuvent en sens contraire par demiton, l'accord peut se trouver transformé en trois autres 7.es de dominante.

La 2.e transformation (enharmonique) est moins usitée que les deux autres.

Tout accord de dominante pouvant être à volonté précédé de l'accord $\frac{6}{4}$ sur la domi‑
nante,

On pourra écrire:

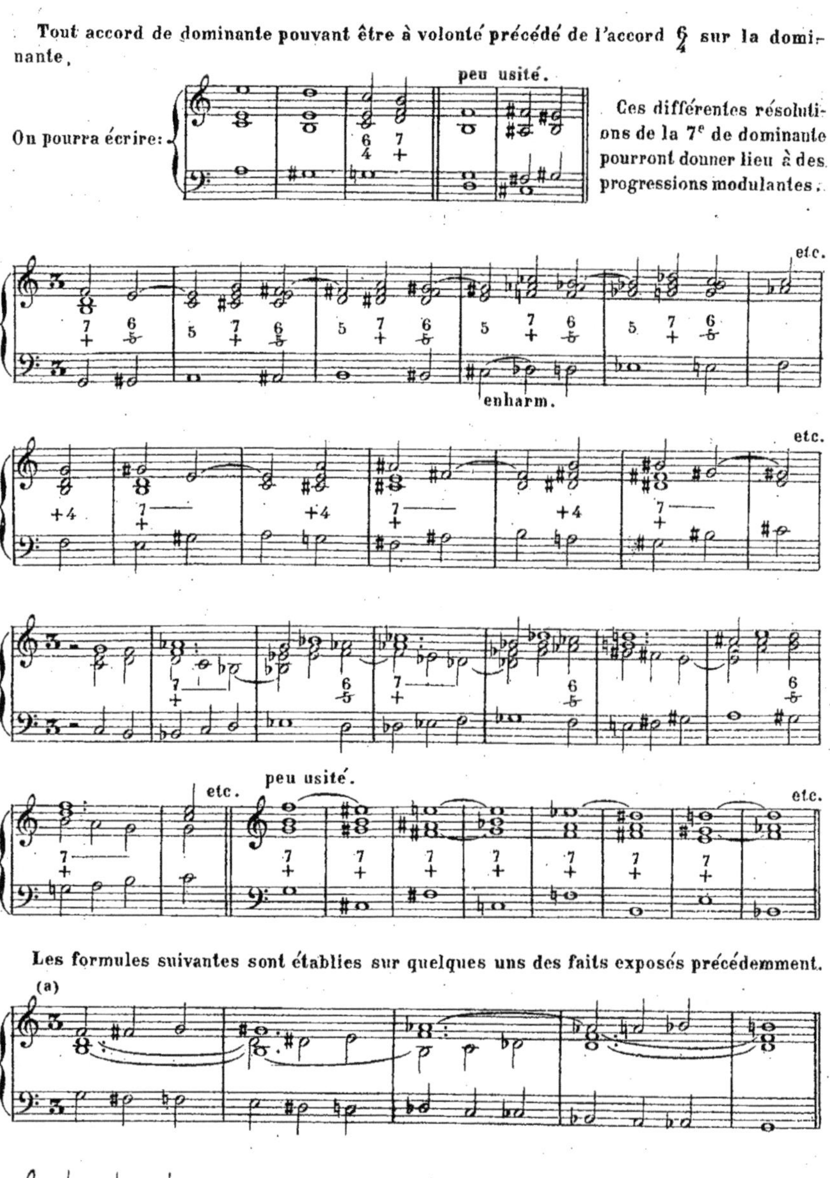

Ces différentes résoluti‑
ons de la 7ᵉ de dominante
pourront donner lieu à des
progressions modulantes.

Les formules suivantes sont établies sur quelques uns des faits exposés précédemment.

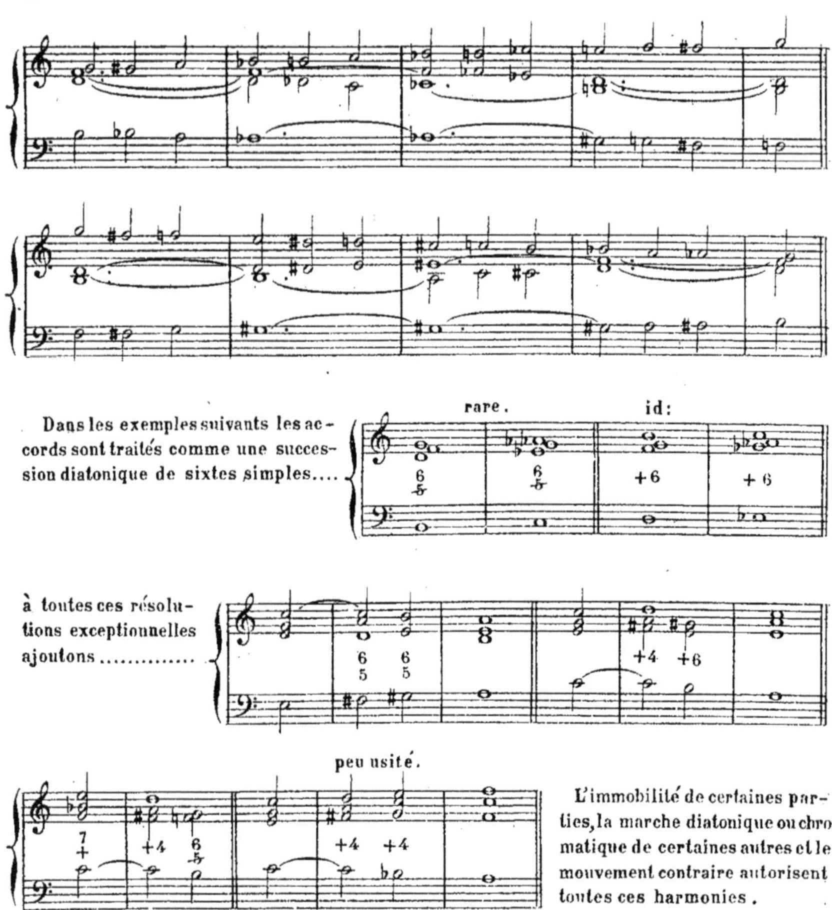

Dans les exemples suivants les accords sont traités comme une succession diatonique de sixtes simples....

à toutes ces résolutions exceptionnelles ajoutons ....

L'immobilité de certaines parties, la marche diatonique ou chromatique de certaines autres et le mouvement contraire autorisent toutes ces harmonies.

135.—On peut au reste poser en principe que toute résolution d'un accord dissonant sur un accord quelconque sera bonne lorsque, dans le premier, les notes non communes aux deux accords pourront être considérées comme appoggiatures des notes du second.

Dans ce cas, aucune note du premier accord ne doit pouvoir être considérée comme *tonale abaissée* relativement au 2.^d (parag. 82 a)

Dans cet exemple le *Ré* est bien l'appoggiature inférieure du *Mi* ♭; le *Sol* ♯ enharmonique de *La* ♭ est bien l'appoggiature supérieure du *Sol* ♮; et le *Si* l'appoggiature inférieure de l'*Ut*; mais le *Mi* enharmonique de *Fa* ♭ ne peut servir d'appoggiature au *Mi* ♭ parce qu'en *Ut* mineur *Fa* ♭ est une tonale abaissée et par conséquent n'appartient pas à la gamme chromatique d'*Ut* mineur; or, il est évident qu'*un accord ne peut servir de transition entre deux tons qu'à la condition d'appartenir à la fois à ces deux tons,* et, par conséquent, de ne pas renfermer de note étrangère à leur gamme chromatique.

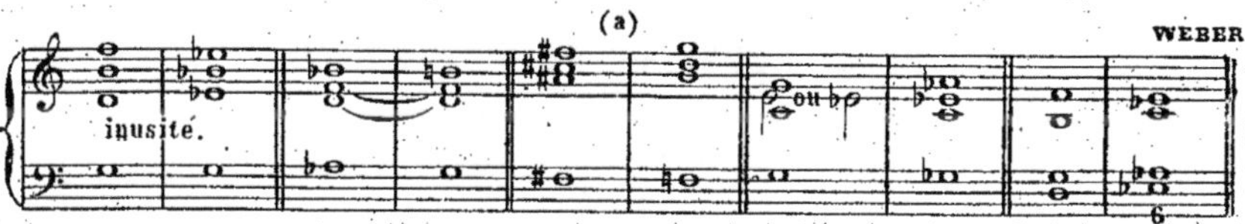

Les deux successions (a) et (b) donneront les progressions.

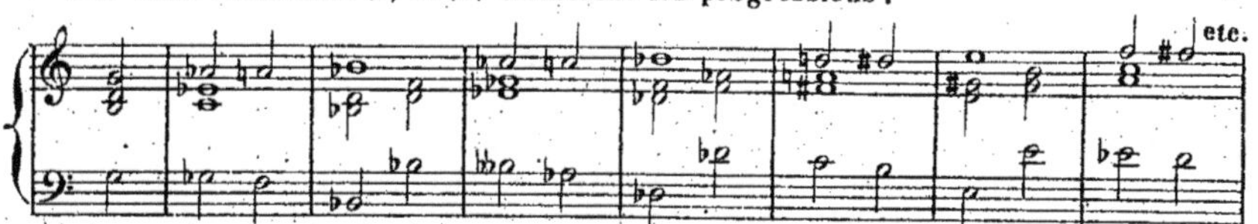

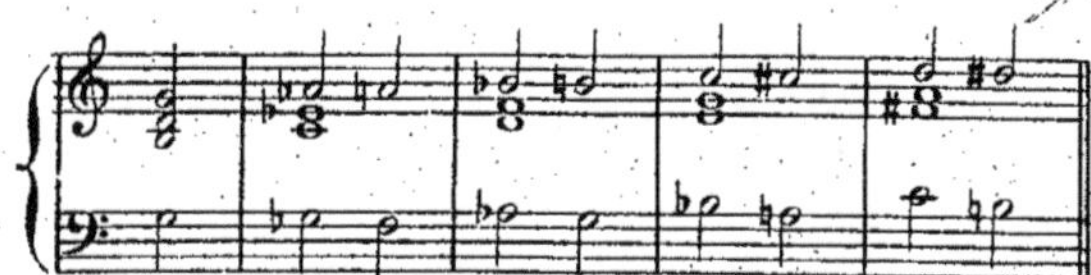

Les résolutions ascendantes de 7es ainsi que les fausses relations sont ici autorisées par la progression. De plus, les trois parties hautes forment une suite de sixtes.

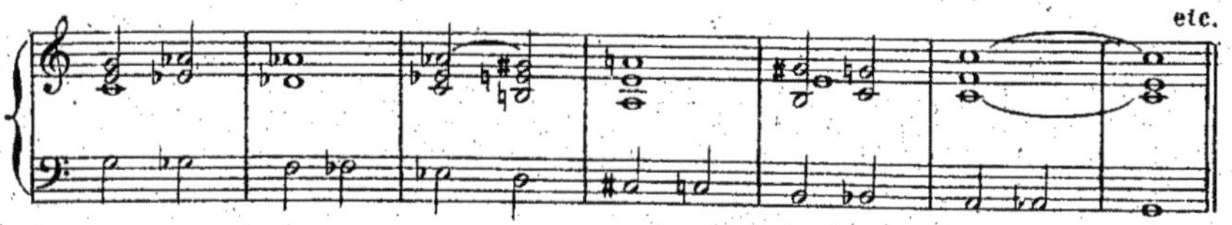

Toutes ces progressions pourront être utilisées dans la modulation d'un ton donné majeur ou mineur à un autre quelconque. On module aussi au moyen des cadences rompues.

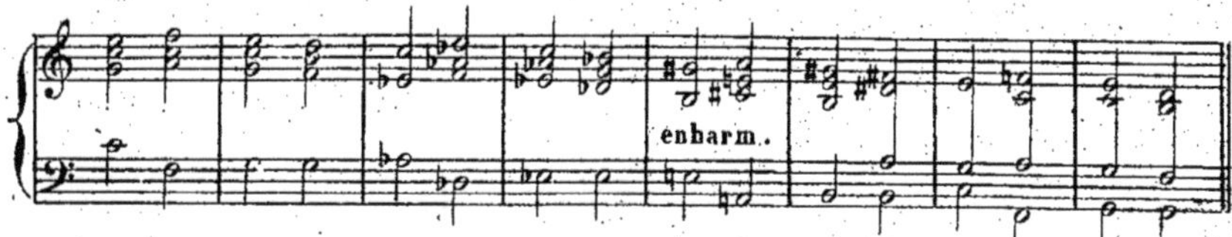

Moins il y a de relations entre le ton d'où l'on part et celui où l'on veut arriver, plus il faut insister sur les accords intermédiaires, afin de faire oublier le ton primitif.

Ainsi dans cet exemple l'accord de 7e dominante est insuffisant. Il faudrait ou lui donner une longue durée, ou employer plusieurs accords, comme par exemple......

Il sera utile de s'exercer à moduler dans tous les tons avec tous les éléments étudiés jusqu'ici.

ACCORD DE NEUVIÈME DE DOMINANTE.

136.—Si dans l'accord de 7.e de dominante, la fondamentale est doublée à la partie ai-
giüe, l'appoggiature supérieure de cette fondamentale forme l'accord de neuvième.

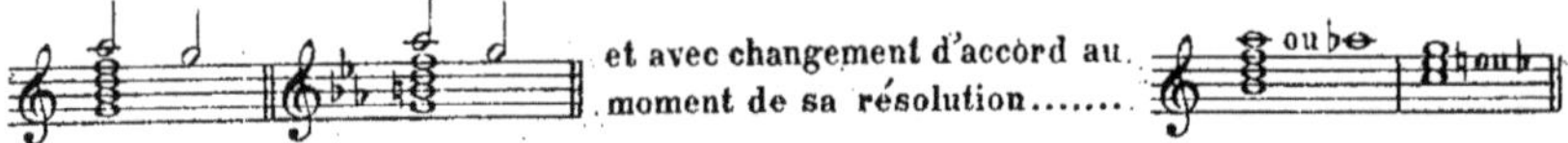

et avec changement d'accord au
moment de sa résolution.......

On le chiffre par $\left\{\begin{array}{c}9\\7\\+\end{array}\right.$. Dans le mode mineur le 9 doit être précédé du signe altératif convenable

137.—La neuvième étant un ornement mélodique, doit se trouver toujours à la partie supérieure, ou au moins à distance de 9.e au dessus de la fondamentale dans les deux modes,
et a distance de 7.e au dessus de la sensible dans le mode majeur. Plus libre dans le mode
mineur, la 9.e peut se placer au dessous de la sensible avec laquelle elle ne forme pas dissonance. Les renversements seront donc:

138.—L'accord de neuvième s'emploie souvent sans sa fondamentale. Il prend alors
le nom d'accord *de septième de sensible*.

L'accord de 7.e de sensible du mode mineur est un accord de *septième diminuée*.

Voici la ma-
nière de les
chiffrer.......

le 3e renvers.^t ne
peut exister puisque
la 7.e s'y trouverait
au dessous de la sen-
sible.

139.—L'accord de 9.e n'étant qu'une
modification de la 7.e de dominante,
peut se résoudre ainsi................

(1) *L'accord de 7.e diminué, est mis au nombre des accords dissonants. Cependant il ne renferme
que des intervalles ou consonnants ou attractifs: 3 tierces mineures, 2 quintes mineures, et une 7.e diminuée, homophone de la sixte majeure. Cet accord n'est donc pas dissonant mais très attractif.*

Le mode majeur pouvant emprun-
ter les accords du mode mineur,
on aura:

Dans tous ces exemples le dernier accord 7.ᵉ de dominante, peut être remplacé par l'accord parfait de dominante.

140. — L'accord parfait de dominante peut toujours être précédé de l'accord de 7.ᵉ de
sensible sur le 4.ᵉ degré altéré accord produit par des notes de passage ou des appoggiatures.

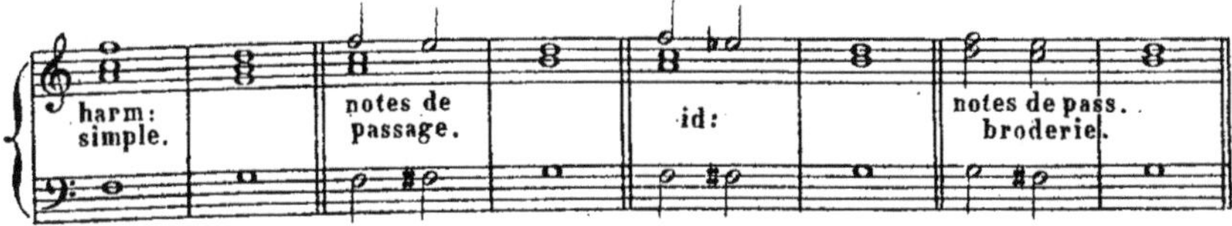

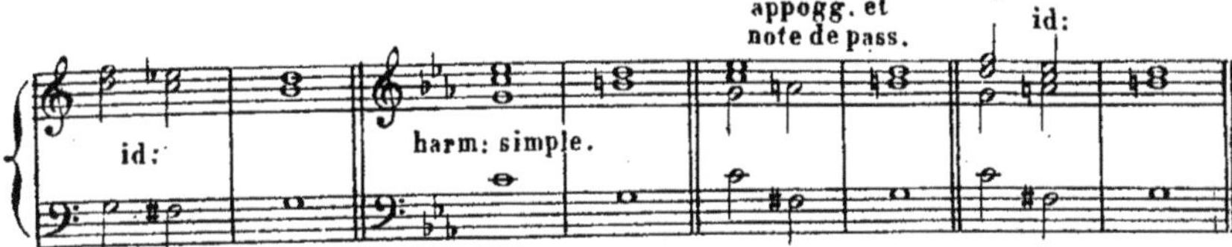

L'accord de 7.ᵉ diminuée provient
souvent d'une triple appoggiature.

141. — Les accords de 9.ᵉ de 7.ᵉ de sensible, de 7ᵉ diminuée peuvent être modifiés par
les notes accidentelles.

PROLONGATIONS.

(1) *Le 4ᵉ degré étant une tonale ne peut recevoir l'altération descendante.............*

Cependant Mozart a écrit la singulière progression suivante où l'altération du 4ᵉ degré est employée sans préparation.

Ce qui revient enharmoniquement à:

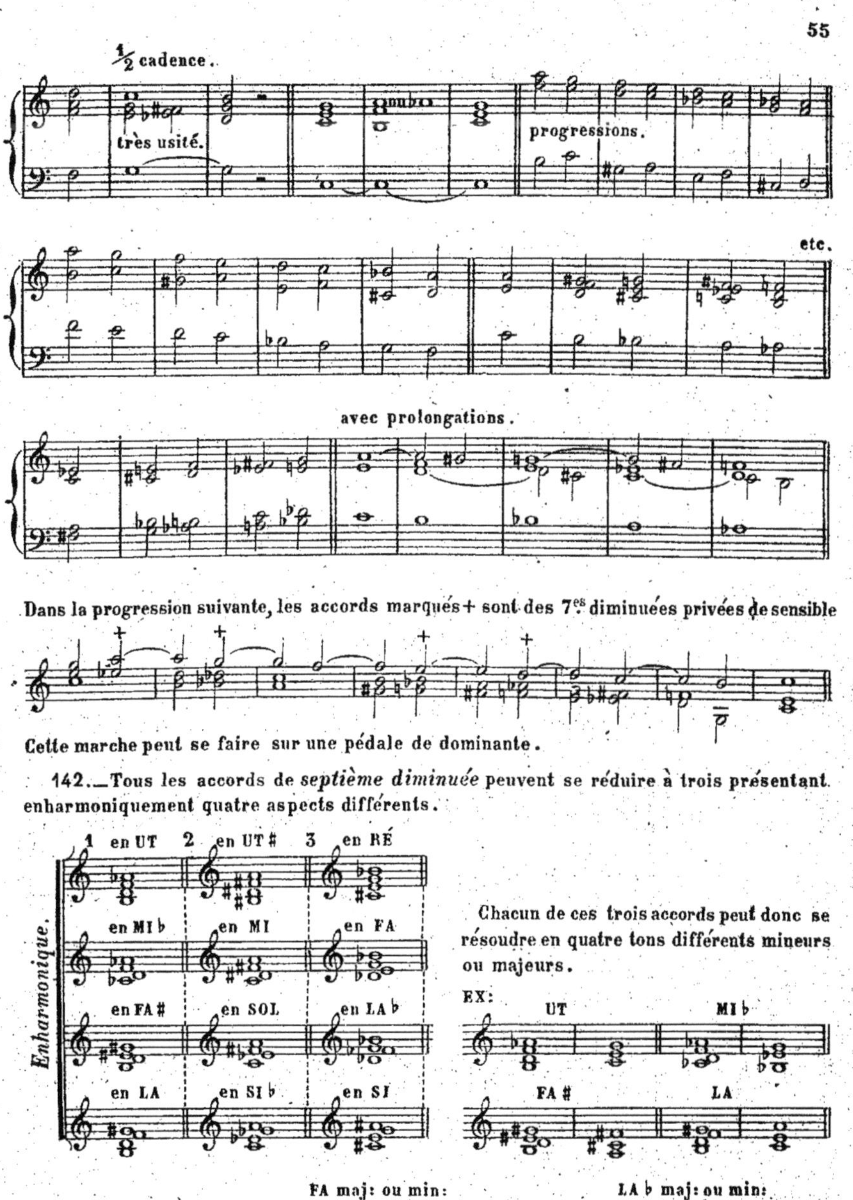

Dans la progression suivante, les accords marqués + sont des 7es diminuées privées de sensible

Cette marche peut se faire sur une pédale de dominante.

142.—Tous les accords de *septième diminuée* peuvent se réduire à trois présentant, enharmoniquement quatre aspects différents.

Enfin si l'on considère l'accord de 7⁵ diminuée comme triple appoggiature d'une 7⁵ de dominante, on aura les 4 résolutions :

Ainsi un accord de 7⁵ diminuée peut se résoudre dans un quelconque des 12 tons de notre système musical : 1° en faisant monter d'un demi ton l'une des notes sur *une tonique* portant accord parfait.

2° En faisant monter d'un demi ton (ou descendre d'un ton) la basse de l'accord ou de chacun de ses renversements, sur un accord de sixte et quarte de dominante.

3° En faisant monter simultanément trois notes quelconques de l'accord d'un ½ ton.

143 — *Remarque.* L'accord parfait d'un ton quelconque peut être suivi de l'un quelconque des trois accords de 7⁵ diminuée.

Le N.° 1 est évident. N.° 2. L'accord de 7ᵉ diminuée appartient au ton de *Ré* min: relatif d'*Ut*. Si le premier accord était min: le 2ᵉ pourrait être considéré comme 7⁵ diminuée du ton de *Fa* min: avec *Ré* ♭ au lieu d'*Ut* ♯. N.° 3. Le deuxième accord est la 7⁵ diminuée du ton de *Sol*.

144 — Dans la succession.....

le *La* descendant d'un ton peut recevoir, comme on l'a vu, l'altération descendante qui donnerait l'intervalle de tierce diminuée ⎰*La* ♭⎱ ⎰*Fa* ♯⎱. Cet intervalle était rejeté par les anciens harmonistes. Ils n'admettaient que son renversement, la sixte augmentée.

On écrivait donc :
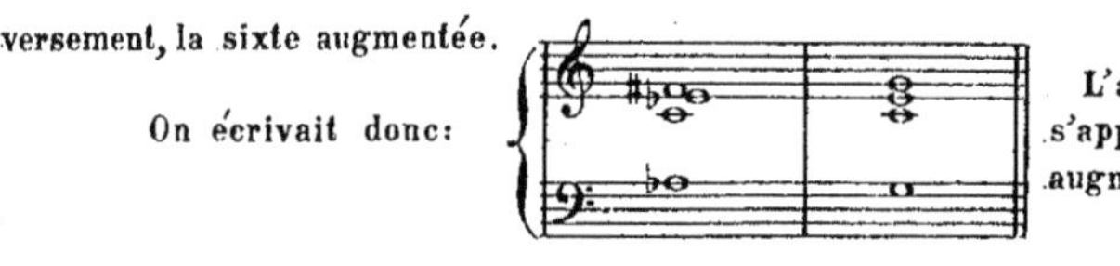
L'accord ainsi disposé s'appelle accord de sixte augmentée avec quinte.

On peut le résoudre directement sur l'accord parfait de dominante, malgré les deux quintes justes qui en résultent :
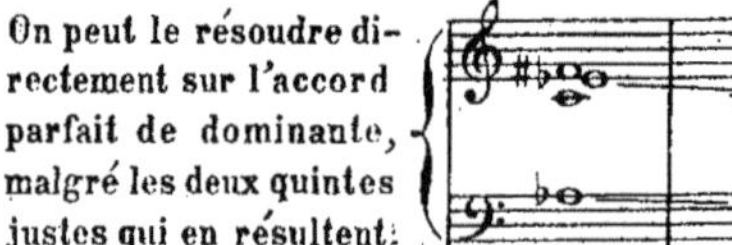
mais la résolution sur l'ac. ⁶₄ est préférable. On peut écrire :
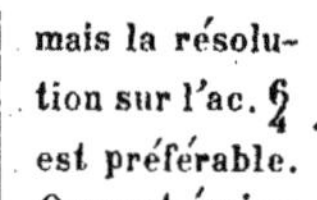

Autres renversements
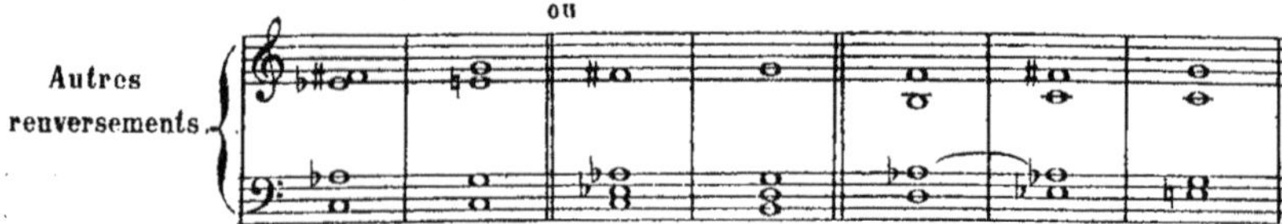

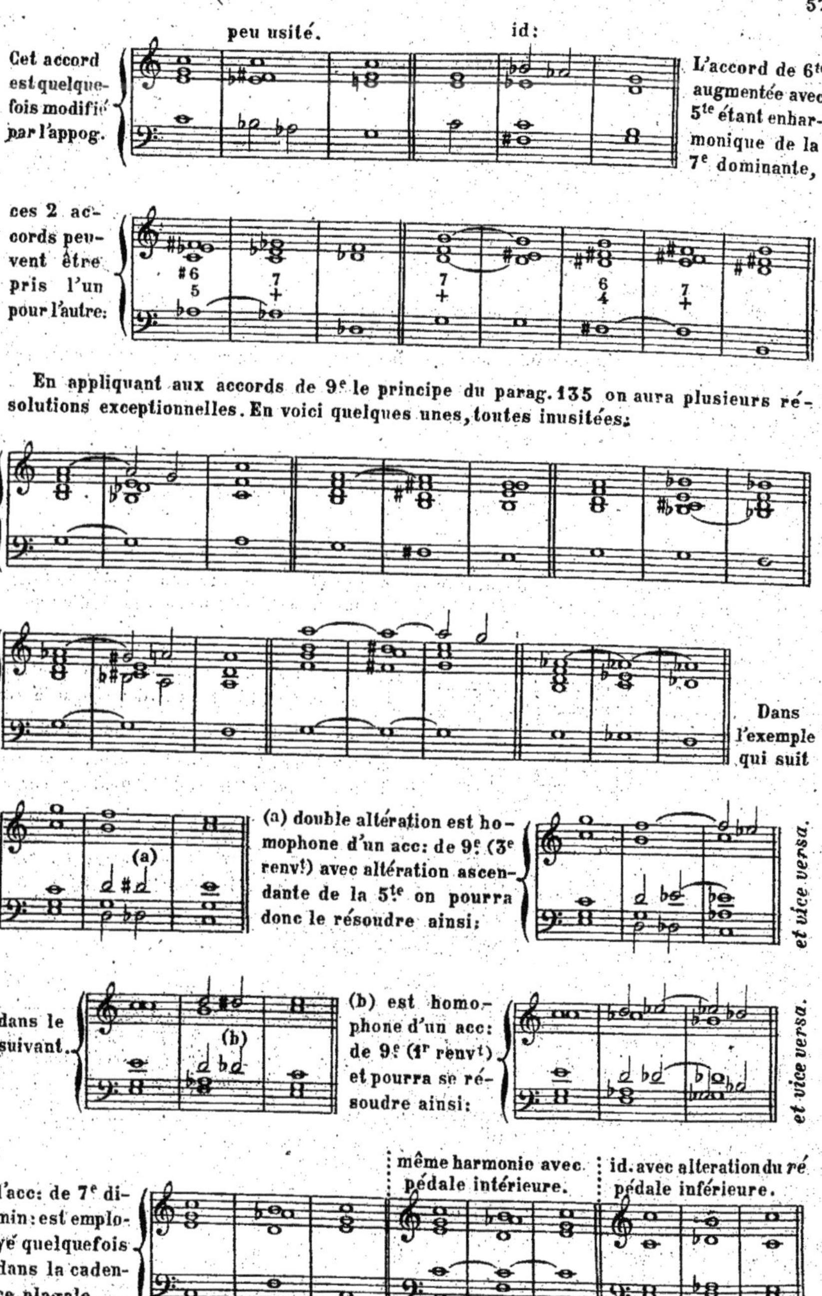

En appliquant aux accords de 9e le principe du parag. 135 on aura plusieurs résolutions exceptionnelles. En voici quelques unes, toutes inusitées.

ACCORDS DE SEPTIÈME DES 2.e 3.e 4.e ET 6.e DEGRÉS [1]

145.

Ces accords proviennent d'un retard de la 6.te dans un acc de 6.te

C'est ainsi que ce retard fut longtemps employé. Plus tard on ajouta une 5.te de remplissage.

Cette quinte ajoutée donne au retard l'aspect d'un accord de 5.te sur lequel passe une prolongation. On la supprime souvent.

Le plus souvent il y a changement d'accord au moment où la prolongation se résout.....................

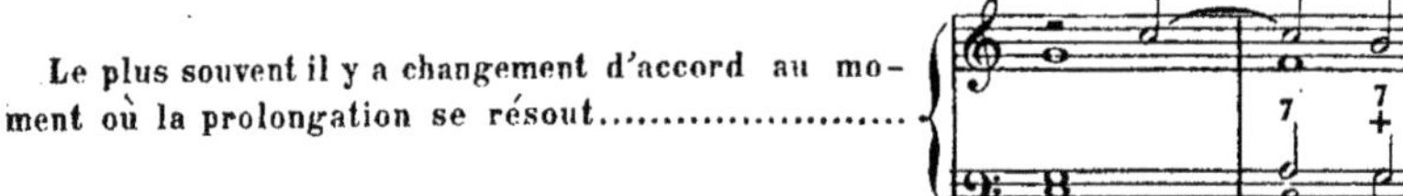

146—L'accord de 7.e du second degré dans le mode min: est identique à l'accord de 7.e de sensible du mode maj: on pourra utiliser cette identité pour les modulations.

Dans la musique moderne l'accord de 7.e sur le second degré peut être regardé comme une modification de l'accord de 7.e de dominante par une prolongation et une appoggiature.

Dans l'harmonie suivante :

Si, en même temps qu'on prolonge l'*Ut*, on donne au *Sol* son appoggiature supérieure on a en effet.................

[1] *C'est pour se conformer a l'usage que l'on donne ici le nom d'accords à ces agrégations purement artificielles. Ce nom d'accord devrait être réservé aux agrégations consonnantes ou tout au plus aux dissonantes qui ne demandent pas de préparation.*

On peut donc considérer le *Sol* comme la véritable fondamentale de l'accord de 7ᵉ du second degré *Ré*. Cet accord peut d'ailleurs être employé avec cette fondamentale.

Voici les renversements de l'accord de 7ᵉ du second degré avec la manière de les chiffrer.

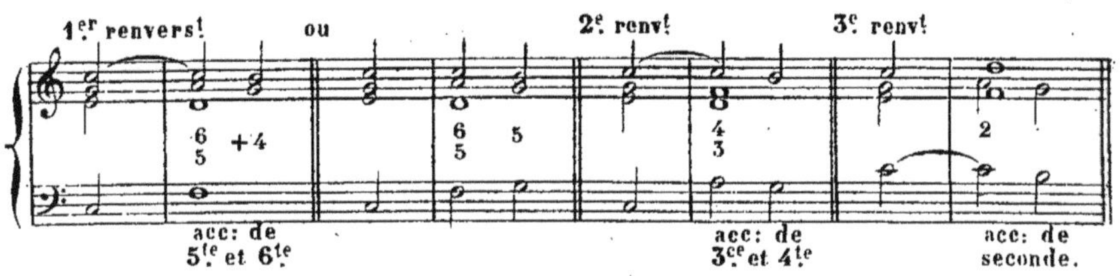

Les accords du mode mineur ne diffèrent que par le *La* ♭ (¹)

Le deuxième renversement, où la quinte est à la basse, est presque inusité dans le mode majeur. On l'emploie dans le mode mineur à cause du caractère attractif de la quarte majeure {*Ré* / *La* ♭}.

Ce que nous venons de dire au sujet de l'accord de 7ᵉ du 2ᵉ degré s'applique également aux 7ᵉˢ des autres degrés, qui d'ailleurs ne s'emploient guère que dans les progressions.

147.— La succession ....  peut servir de modèle a une progression de 7ᵉˢ.

(¹) On se servait beaucoup autrefois, pour l'accompagnement de la gamme à la basse de la *formule* suivante connue sous le nom de **règle d'octave**.

Les renversements avec leurs résolutions donneront:

Le célèbre professeur Reicha croit que si la marche N°3 est peu usitée c'est à cause des quartes qui s'y rencontrent à chaque mesure, quoique préparées. Cependant il admet les progressions 2 et 4, où les quartes se trouvent en aussi grand nombre. Par conséquent la marche N°3 est rendue défectueuse, non pas par les quartes, mais par l'emploi à la basse, de la note de remplissage ce qui n'a pas lieu dans les marches N°2 et 4.

Au reste ce sont les notes de remplissage qui rendent dure la progression de 7ᵉ à la
quelle l'oreille ne s'habitue pas sans peine. Cette progression devient en effet beaucoup
plus douce si l'on supprime la quinte.

A trois parties on écrit ainsi:

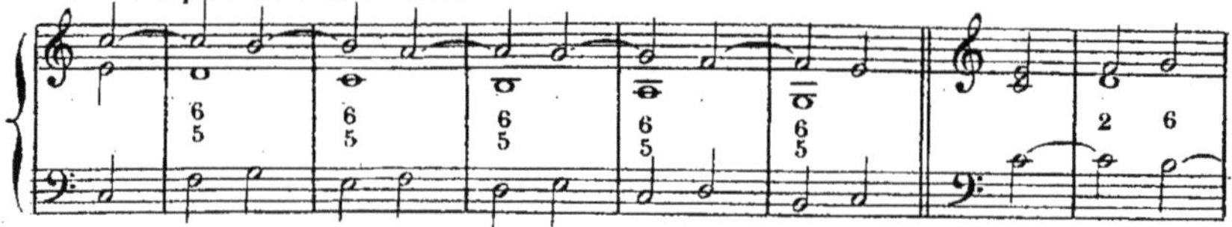

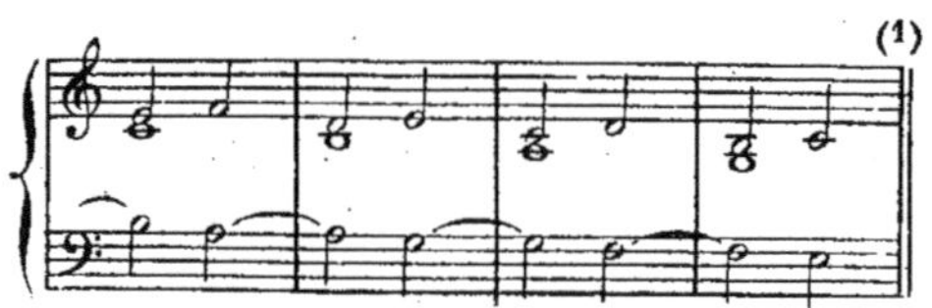

Une autre singularité des marches de
7ᵉˢ c'est que le temps faible y porte
une prolongation et une appoggiature
qui se résolvent sur le temps fort suivant en sorte que le temps faible y
prend le caractère d'un temps fort.

148. — Dans toutes ces marches, l'accord de 7ᵉ du temps faible peut être remplacé
par un accord parfait. En dehors des marches, l'accord de 7ᵉ du 2ᵉ degré se place souvent aujourd'hui sur le temps faible.

De
ce qu'on fait.

il résulte
qu'on peut
faire........

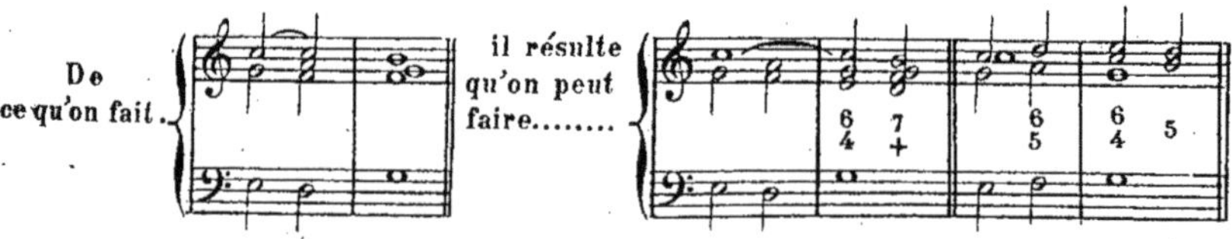

(¹) *Remarquons que les progressions de 7ᵉˢ ne peuvent se réaliser a 4 parties si l'on supprime la 5ᵗᵉ.*

149.— L'accord de 7e peut être produit par une ou plusieurs notes de passage.

par l'abaissement d'un ½ ton de 2 notes de l'acc: de 7e dominante...

Les accords de 7es peuvent se modifier par les notes accidentelles.......

L'accord peut changer au moment de la résolution.

et par suite.

Dans l'ex: suivant le *Mi* n'est qu'un retard du *Ré*.

id en min.

Le mode maj:empruntant les accords du mode min: on aura:

D'après cela, une 7e peut se résoudre en descendant d'un degré, les autres parties restant immobiles ce qui produit un autre accord de 7e dont la dissonance peut se résoudre de la même manière et ainsi de suite.

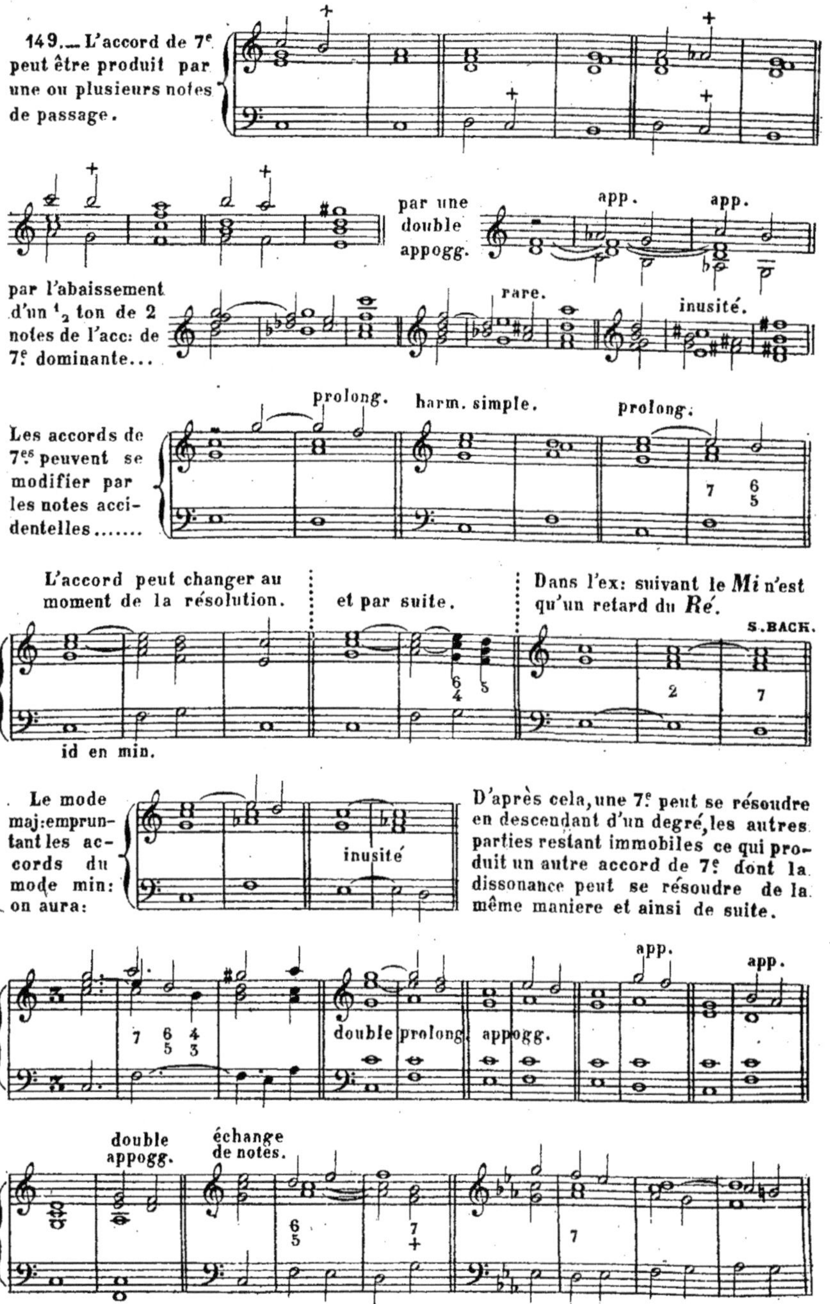

L'accord ainsi altéré prend l'aspect d'une 7e dominante dans son 1er renversement. Aussi trouve-t-on souvent l'acc: de 7e du 2d degré remplacé par une 7e domin:te

la double altération qui suit donne à l'accord $\frac{6}{5}$ l'aspect d'une 7e diminuée.

150._Autrefois on renversait toujours la tierce diminuée $\left\{\begin{matrix}La\,b\\Fa\,\#\end{matrix}\right.$ Ce qui donne un nouvel accord de sixte augmentée avec quarte augmentée, lequel se confond avec son enharmonique, l'accord de sixte augmentée avec quinte.

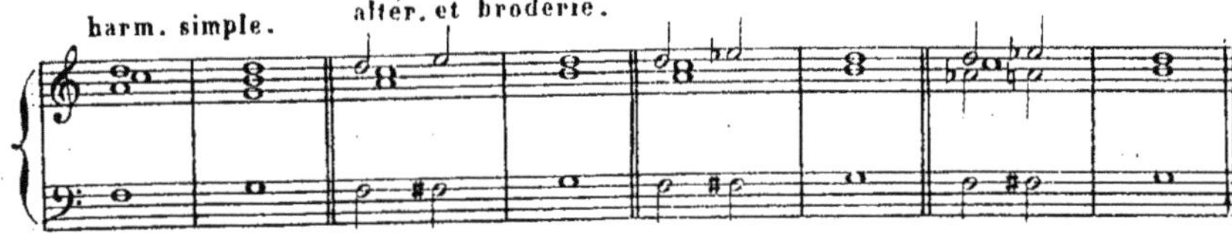

Dans ces 3 derniers exemples l'accord de *Sol* peut être précédé de l'acc: $\frac{6}{4}$.

151._L'accord de 7e naît quelquefois d'une note de passage dans la cadence plagale:

cette double altération donne une agrégation homophone de: $\left\{\begin{matrix}Mi\,b\\Ut\\La\,b\\Fa\end{matrix}\right.$ Cet accord pourra donc se résoudre en faisant descendre sa fondamentale de quarte sur un accord parfait majeur..................

(1) *Inadmissible dans le style classique, où l'échange ne peut se faire entre la fondamentale et la 7e, la dissonance devant être résolue dans la partie même ou elle s'est produite.*

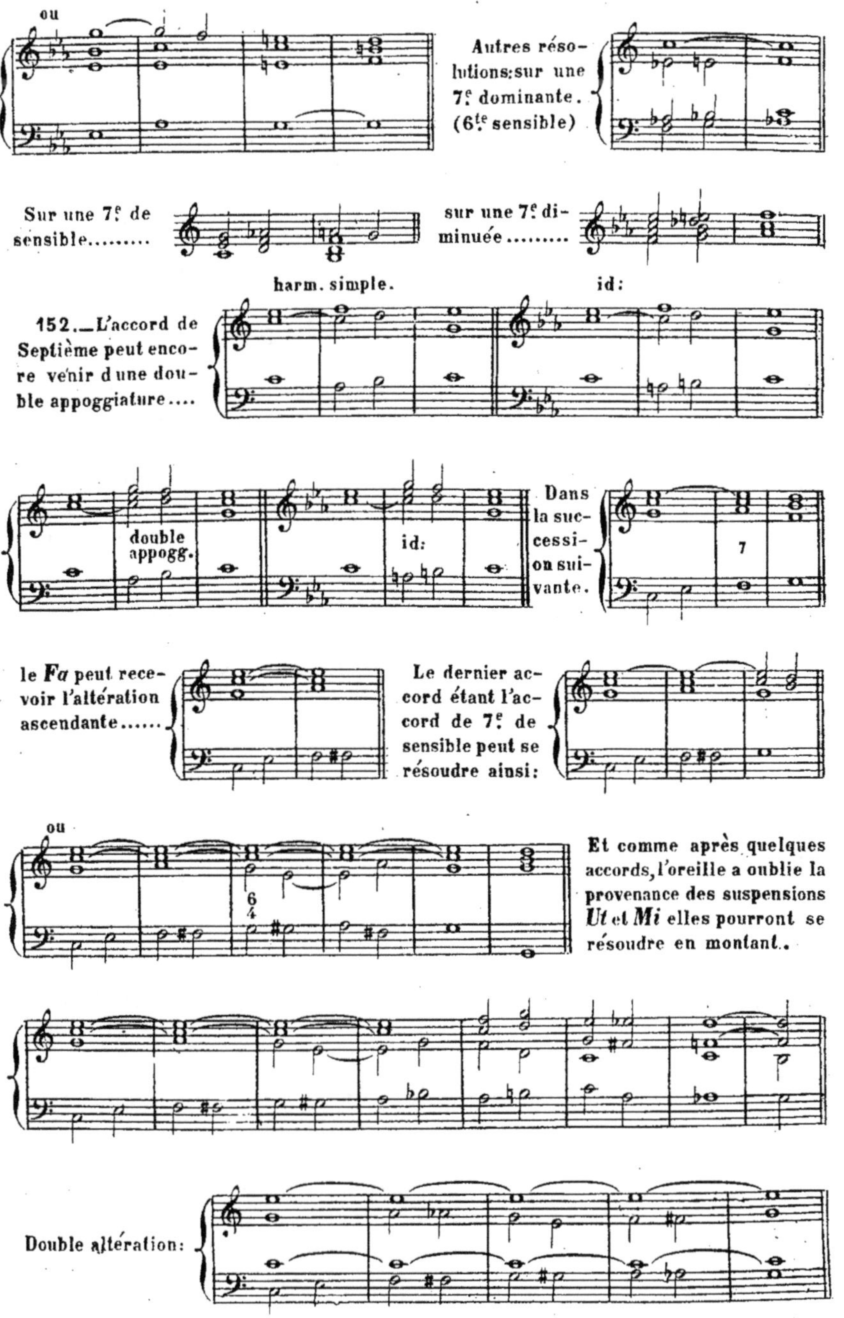
ou

Autres réso-
lutions:sur une
7.ᵉ dominante.
(6.ᵗᵉ sensible)

Sur une 7.ᵉ de
sensible.........

sur une 7.ᵉ di-
minuée ....

harm. simple.

id:

152.—L'accord de
Septième peut enco-
re venir d'une dou-
ble appoggiature....

double
appogg.

id:

Dans
la suc-
cessi-
on sui-
vante.

7

le Fa peut rece-
voir l'altération
ascendante......

Le dernier ac-
cord étant l'ac-
cord de 7.ᵉ de
sensible peut se
résoudre ainsi:

ou

6
4

Et comme après quelques
accords, l'oreille a oublié la
provenance des suspensions
Ut et Mi elles pourront se
résoudre en montant.

Double altération:

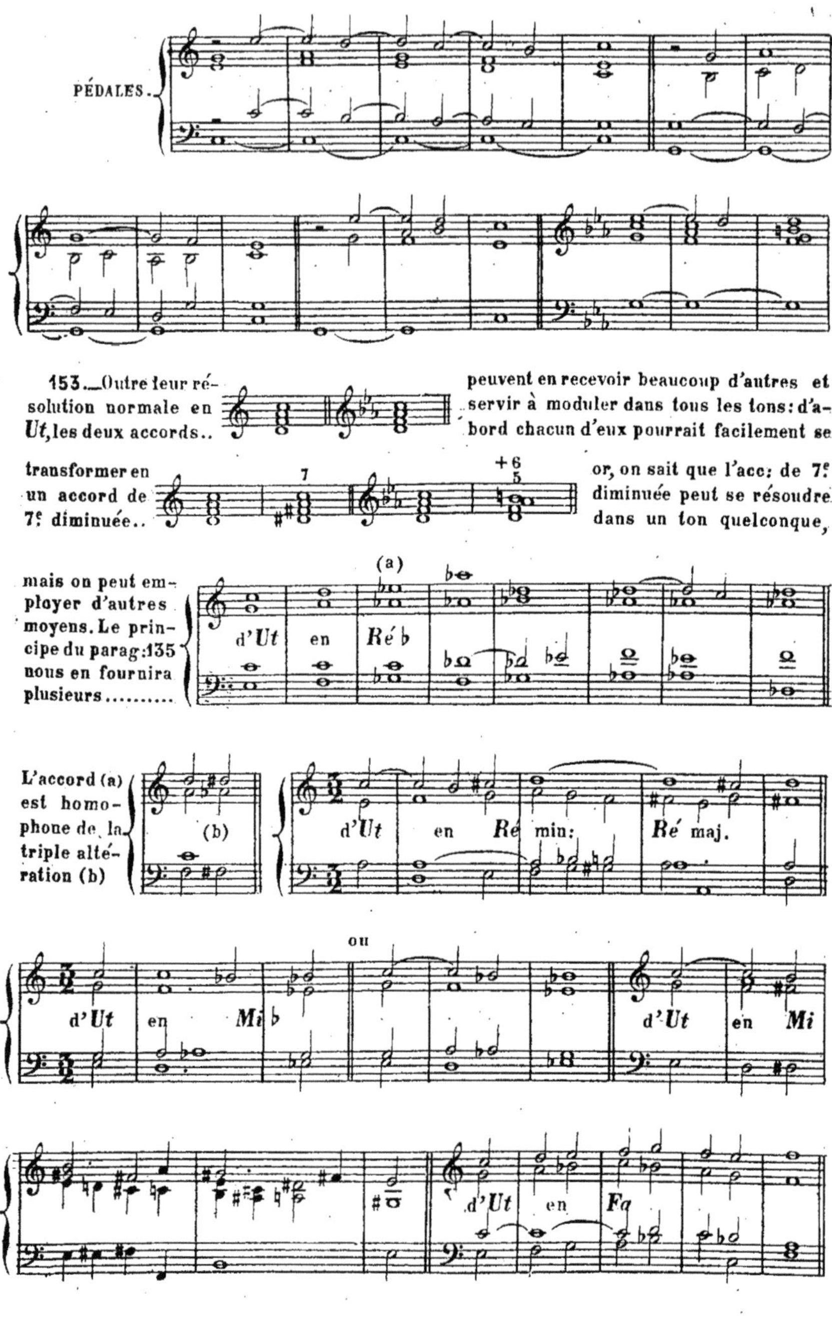

153.—Outre leur résolution normale en Ut, les deux accords.. peuvent en recevoir beaucoup d'autres et servir à moduler dans tous les tons: d'abord chacun d'eux pourrait facilement se

transformer en un accord de 7ᵉ diminuée.. or, on sait que l'acc: de 7ᵉ diminuée peut se résoudre dans un ton quelconque,

mais on peut employer d'autres moyens. Le principe du parag:135 nous en fournira plusieurs.........

L'accord (a) est homophone de la triple altération (b)

ou

154.— 7ᵉ DU SECOND DEGRÉ (MODE MINEUR.)

La plupart de ces résolutions sont inusitées.

L'accord de 7ᵉ majeure peut également se résoudre dans tous les tons, d'une manière plus ou moins immédiate, comme les précédents.

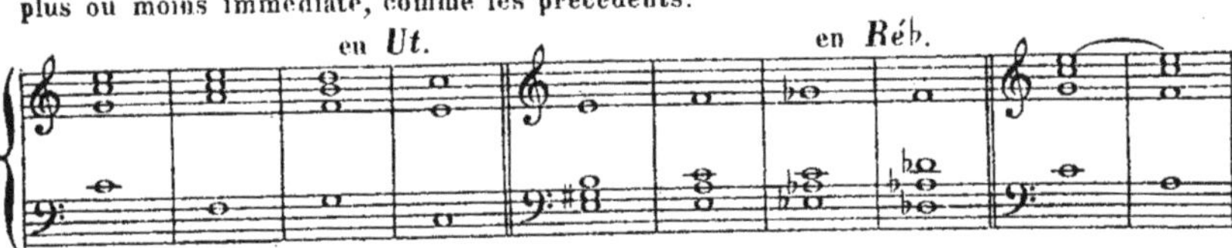

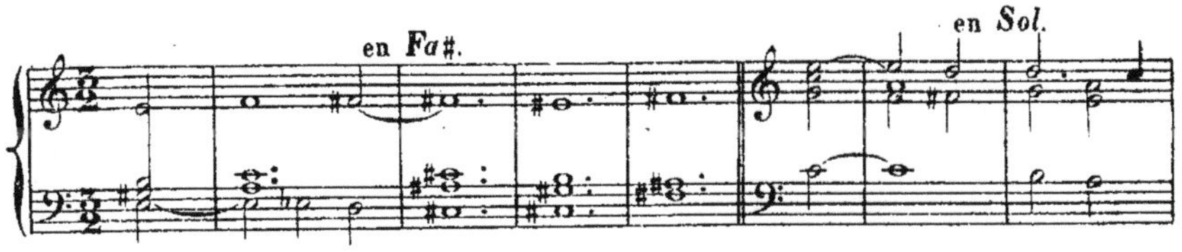

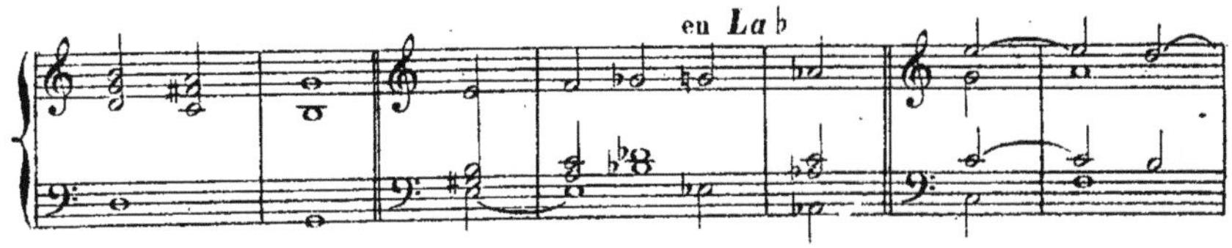

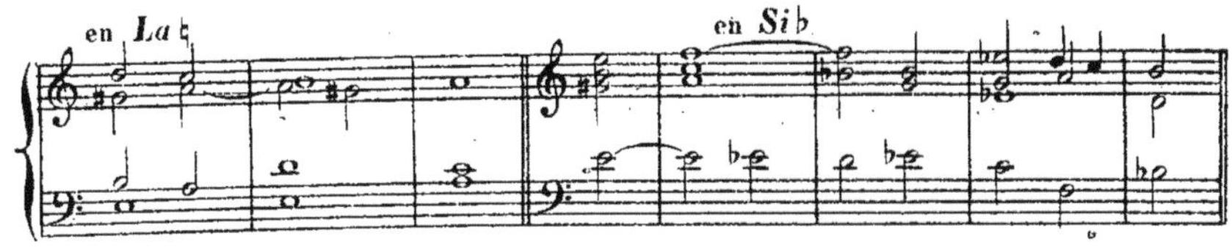

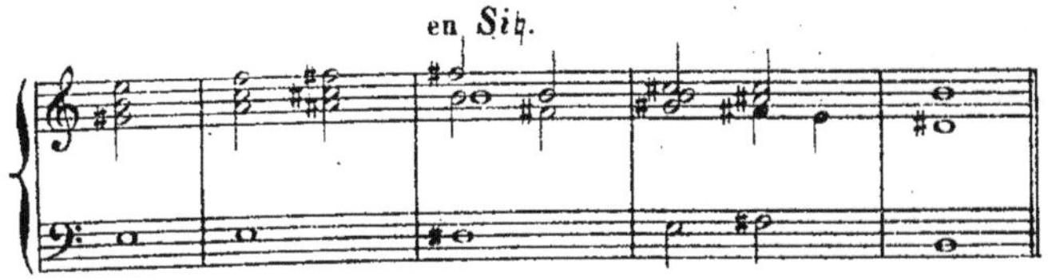

La plupart de ces résolutions sont i-
nusitées.

155.

En voici quelques autres.

Dans la succession suivante...............

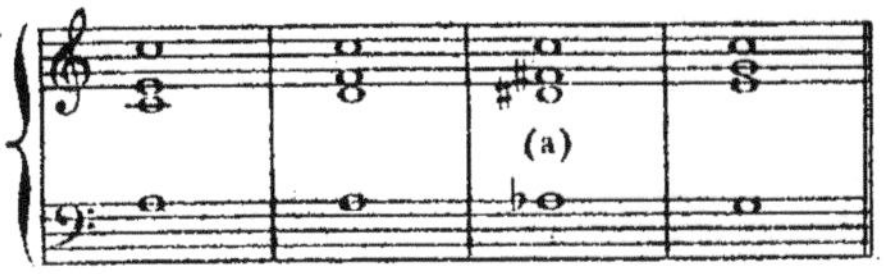

la triple altération (a) peut être prise pour 7.e domi-
nante................

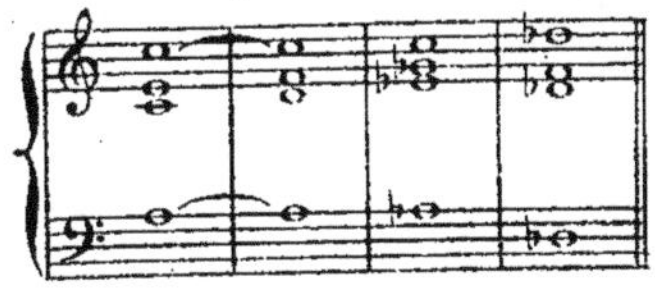

et par
conséquent
précédée de
l'accord $\frac{6}{4}$

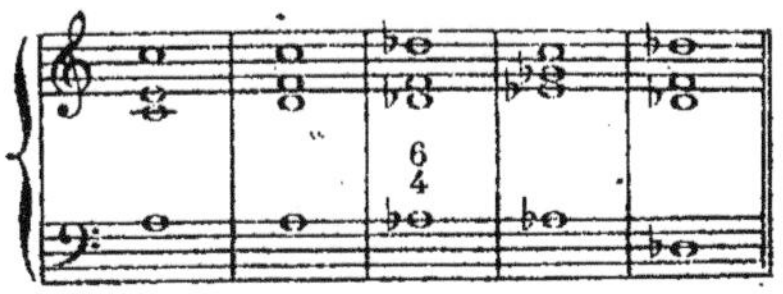

Dans l'exemple
qui suit...........

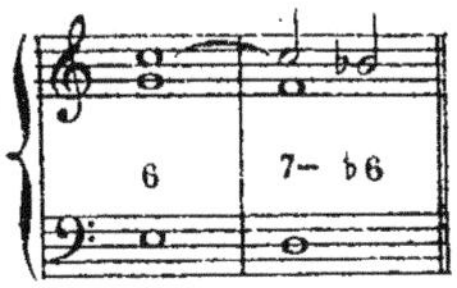

la prolongation de l'Ut
peut être accompagnée
de la 5.te ajoutée.......

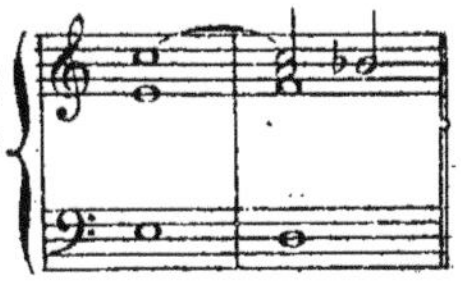

Cette harmonie renversée [music] GOUNOD. n'est qu'un retard de [music] Suite d'accords non relatifs que les compositeurs modernes empruntent quelquefois à la musique des XVᵉ et XVIᵉ siècles.

La 7ᵉ du 2ᵈ degré (mode mineur) peut être considérée enharmoniquement comme un accord de 7ᵉ diminuée avec altération ascendante de la tierce ou de la quinte.....................

On pourra donc écrire:

Double altération de la 5ᵗᵉ..... L'agrégation (a) est homophone d'un accord de 9ᵉ de dominante (1ᵉʳ renverst)

On pourra donc faire: et vice versa.

Dans l'accord de 7ᵉ majeure la double altération (b) est homophone d'un accord parfait avec double altération de la 5ᵗᵉ

et pourra se resoudre ainsi:

le même ac-
cord est ho-
mophone de:

3ᵉ renversement
d'un accord de 7ᵉ
dominante avec 5ᵗᵉ
augmentée. On pour-
ra donc faire.......

Il peut encore être
considéré comme un
accord de 7ᵉ domᵗᵉ
avec suspension de
la quinte...........

Echange de
notes dans
l'accord de
7ᵉ majeure.

156.
L'accord de
7ᵉ majeure peut
provenir d'une
prolongation as-
cendante.......

peu usité

Il peut aus-
si provenir
d'une pédale.

il peut être
modifié par
l'appoggiature.

app:

157.
Nous avons vu l'accord de sixte augmentée a-
vec quarte naître de l'altération descendante du
second degré dans l'accord de sixte sensible.
Il peut provenir aussi de l'altération ascendante du 4ᵉ degré dans le 2ᵉ renversement de l'accord de 7ᵉ du 2ᵈ degré (mode mineur)

Cet accord peut être envisagé sous deux, aspects différents. En effet,
ou
est enharmonique de
ou
Ce dernier est aussi un accord de 6te augmentée avec 4te Il s'ensuit les 2 résolutions suivantes.
et
ou bien
et
ou bien
et
ou encore.
et
on peut faire aussi.
ou
et
Cet accord peut-être considéré comme une 7e de sensible avec altération ascendante de la 3e.
On aura donc:
et
On verra plus loin d'autres résolutions Cet accord peut être modifié par les accidentelles.......
prolongation.
Echange de notes avec notes de passage.........
peu usité
id.
(inusité)
id.
app.

app.
R. WAGNER.
Pédale.
L'accord de 6te augmentée avec 4te peut conduire dans tous les tons.
en Ut.
en Réb.
en Ré♮.
en Mib.
en Mi♮.
en Fa.
en Solb.
en Sol♮.
en Lab.
en La♮.
en Sib.
en Si♮.

72

158.

Il en est de meme de tous les accords dissonants, ainsi l'accord de 7ᵉ dominante pourra faire les résolutions suivantes....................

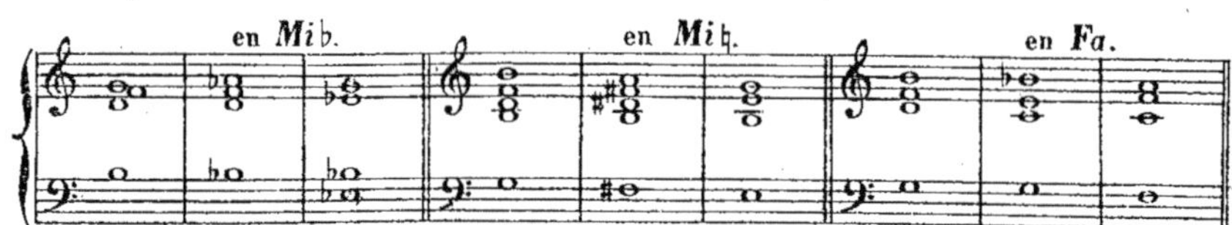

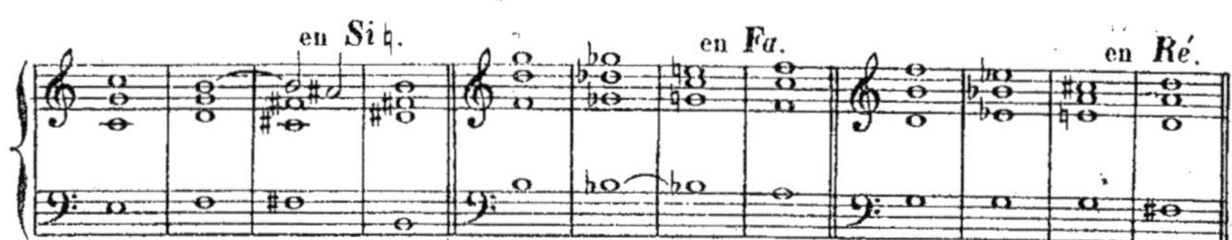

Progression de 7ᵉˢ dominantes descendant par demi-tons.

159.

L'accord de 9ᵉ de dominante peut également conduire dans tous les tons.

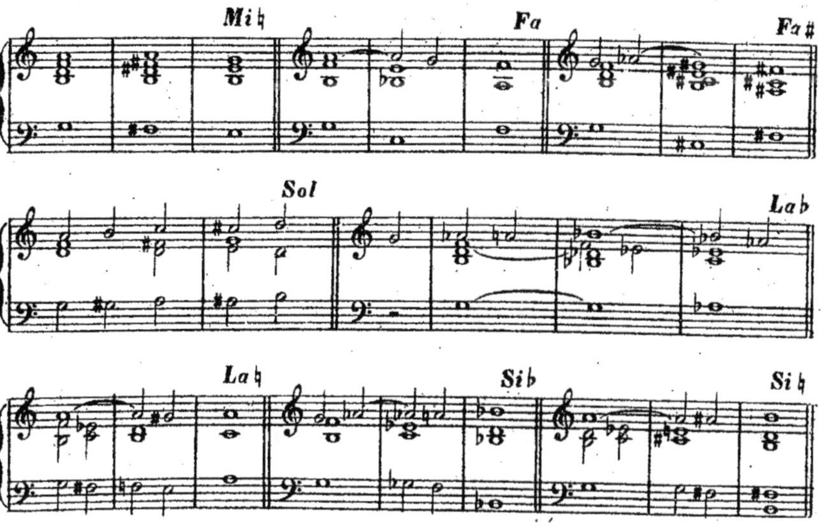

Progression modulant par seconde supérieure ....

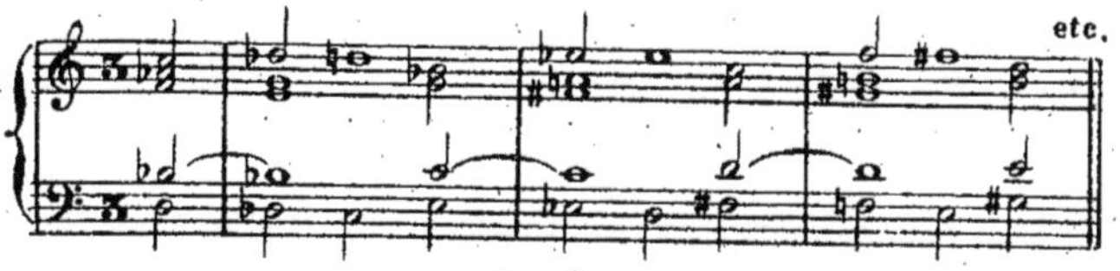

160.

La plupart des résolutions qu'on vient de voir sont des conséquences du principe parag: 135 applicable d'ailleurs à toute espèce d'agrégation.

Ainsi la prolongation

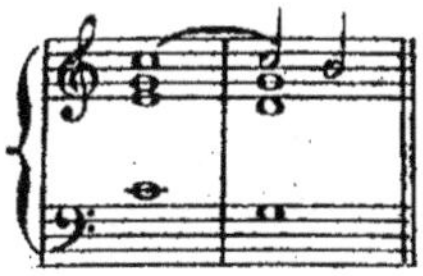

pourrait avoir la résolution suivante, par exemple....... progression.

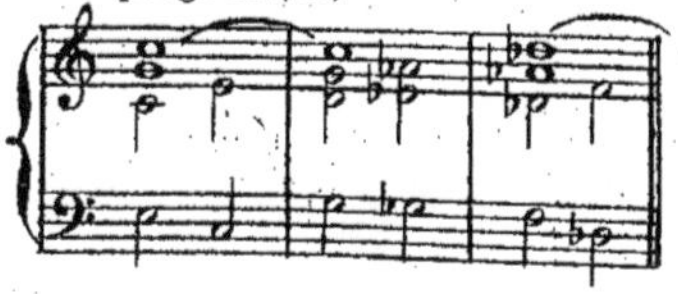

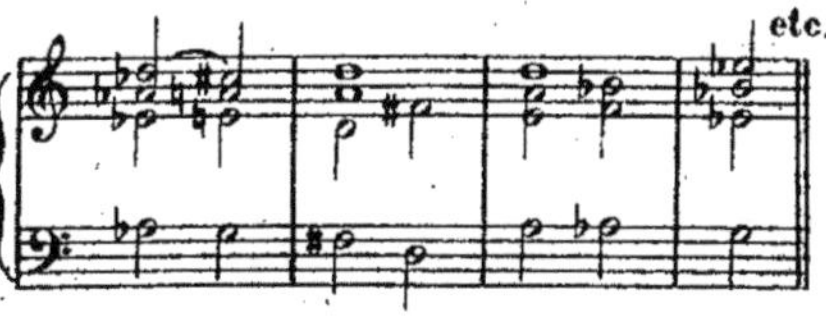

La double prolongation (A) pourrait être résolue comme en (B)

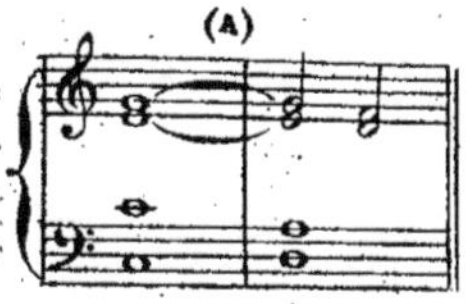

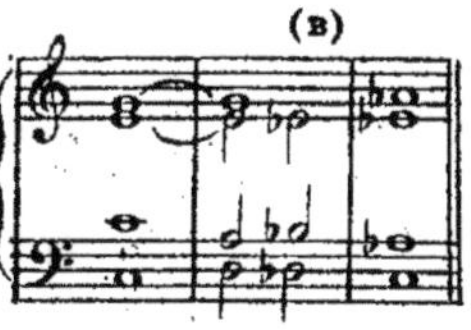

L'agrégation (C) produite par une altération et une note de passage pourrait être résolue comme en (D)

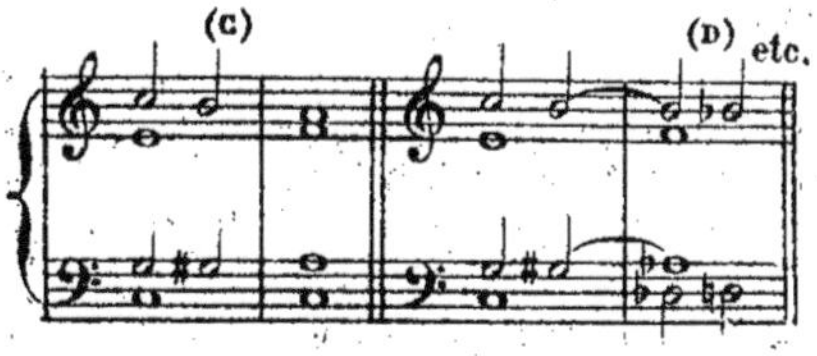

161.—A tous les moyens de modulation qui viennent d'être exposés, ajoutons les suivants:—L'accord de 5ᵗᵉ augmentée peut être envisagé sous trois aspects.

On a vu (parag: 134) qu'un accord de 7ᵉ dominante peut se transformer en trois autres accords de même nature (La formule (ä) "parag 134" n'est qu'une application de ce principe) Il résulte de là que 3 accords de 7ᵉ dominante donneront par leurs transformations, les 12 tons de notre système musical.

La **1ʳᵉ** Série renferme les **7ᵉˢ** dominantes des tons de : **Ut, La Fa♯ Mi♭**
La **2ᵉ** » .... **Si, La♭ Fa Ré**
La **3ᵉ** » .... **Si♭, Sol Mi Ré♭**

Ces accords résolus comme accords de **6ᵗᵉ** augmen- ⎧ **Si La♭ Fa . Ré**
tée donneront les tons de .... ⎨ **Si♭ Sol Mi Ré♭**
⎩ **La Fa♯ Mi♭ Ut.**

or, il est facile de pas-
ser d'une série à une
autre, de cette manière
par exemple............

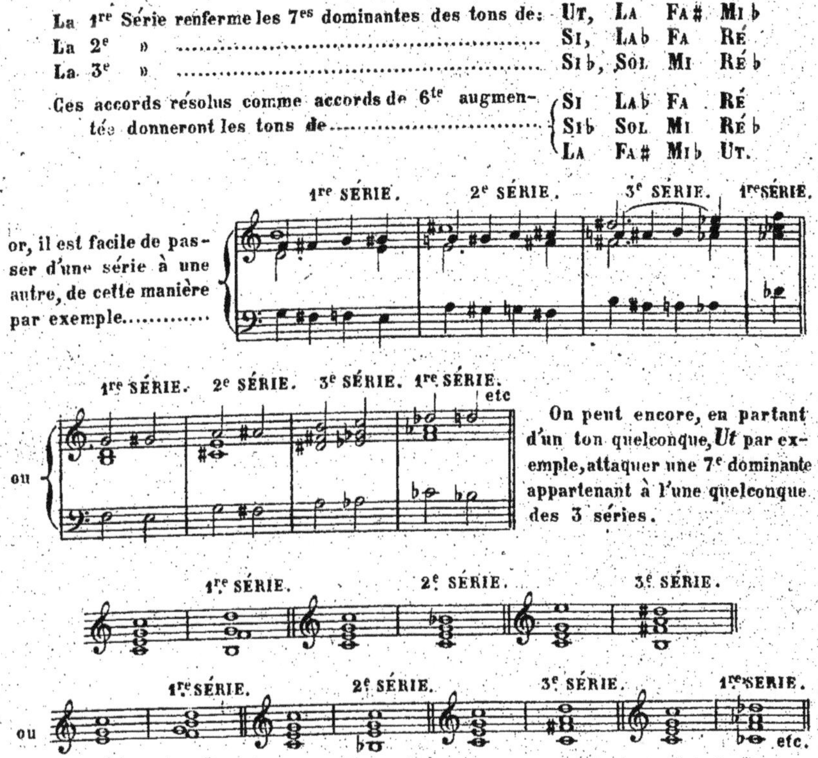

ou

On peut encore, en partant
d'un ton quelconque, **Ut** par exemple, attaquer une 7ᵉ dominante
appartenant à l'une quelconque
des 3 séries.

Si l'on voulait, par exemple, moduler d'**Ut** en **Si ♭** (maj : ou min :) ce dernier ton étant
donné par la 2ᵉ série, on pourrait faire :

On peut moduler en prolongeant une seule note que l'on considère comme faisant
partie d'un accord de 7ᵉ de dominante.

HÉROLD.

On aurait pu prolonger une autre note, et faire par exemple :

162.—Un trait chromatique suffisamment prolongé peut conduire dans un ton quelconque

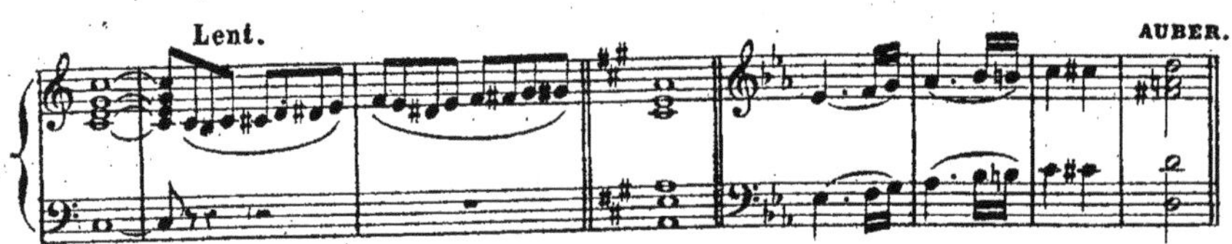

DE LA RÉALISATION DE L'HARMONIE.

163.— On apelle *réalisation* de l'harmonie la forme donnée à l'enchainement des accords dont elle se compose, forme qui résulte de la marche des differentes parties.

163.bis Un accord est *plaqué* lorsque toutes ses notes sont entendues simultanément.
Il est *arpégé* ou *brisé* lorsque ses notes sont entendues successivement.

Plaqués, ou arpégés, les accords sont susceptibles d'une foule de dessins rythmiques.

164.—Pour se rendre compte de la correction d'une harmonie arpégée, il faut se la
représenter plaquée.

165.

Toutes les notes acciden-
telles peuvent être expri-
mées par les arpèges.
Ainsi l'harmonie suivante:

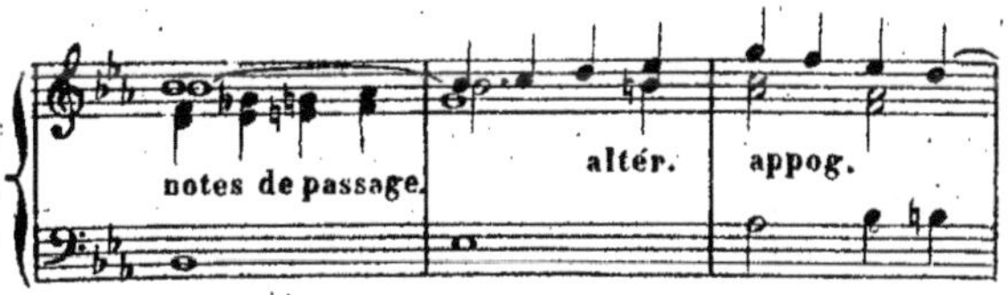

peut se
rendre ainsi

166.— Deux octaves ou deux quintes consécutives sont permises lorsqu'elles résultent d'arpéges, pourvu que
l'harmonie pla-
quée soit correcte

Il serait
cependant
préférable
d'écrire

167.—Lorsque la mélodie est formée d'arpéges on ne les considère pas sous le rapport harmonique. Il n'y a pas lieu de tenir compte des 5tes ou des 8^{ves} qui pourraient en résulter......

168.—Les arpéges peuvent se combiner dans la mélodie avec les notes de passage et les appoggiatures............

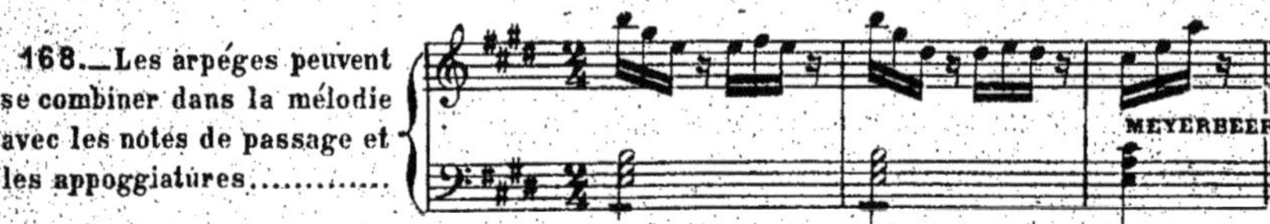

cela re-vient à :

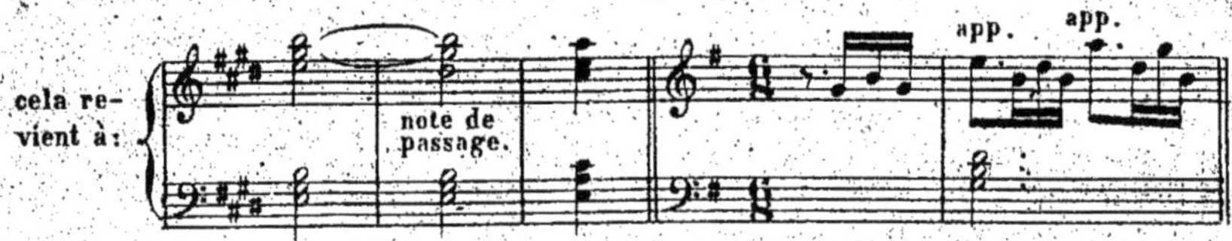

DE L'IMITATION.

169.—Il y a *imitation* lorsqu'une partie reproduit à un intervalle quelconque un fragment d'une autre partie.

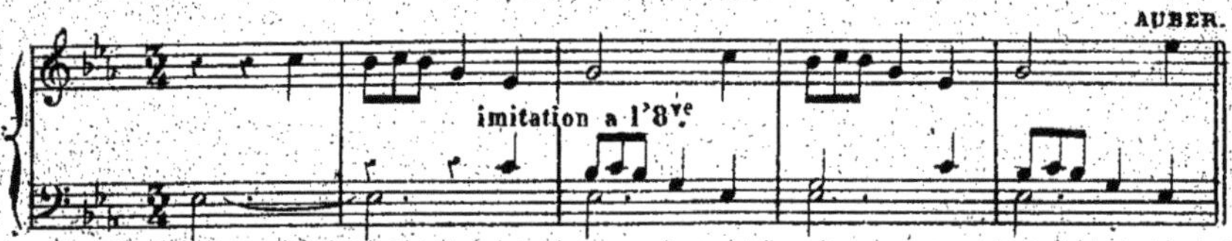

Les progressions donnent souvent lieu à des imitations.

Une imitation prolongée prend le nom de *Canon*.

DE L'HARMONIE RELATIVEMENT AU RHYTHME.

170. — L'harmonie doit déterminer le rhythme avec précision, surtout si la mélodie ne l'indique que d'une manière vague, ce qui arrive souvent.

Il importe donc de reconnaître quelles sont les mesures fortes. Pour cela il suffira ordinairement de déterminer la place de la première mesure forte, puisque dans les phrases *carrées*, sur deux mesures consécutives, l'une est forte, l'autre faible.

Prenons pour exemples deux fragments de mélodies bien connues.

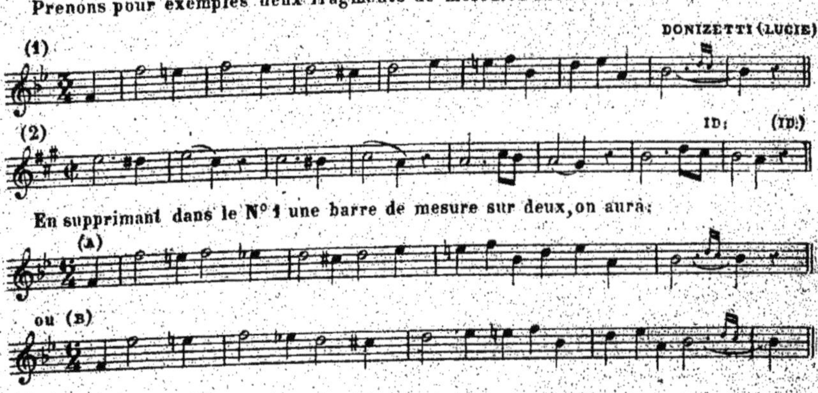

En supprimant dans le N° 1 une barre de mesure sur deux, on aura:

On voit de suite que en (b) il y aura nécessairement syncope du dernier accord, or on ne peut syncoper que l'avant dernier, donc c'est la première mesure qui est forte dans l'ex: (1) En faisant la même opération sur (2) on aura:

En (c) le *Sol* et le *Si* ne peuvent appartenir qu'à l'accord de dominante, il y aura syncope entre les deux dernières mesures. Donc c'est la deuxième mesure de l'ex: (2) qui est forte.

171. — De ces observations il résulte que si on fait entrer l'accompagnement avant le chant, on devra donner à cette espèce d'introduction une durée d'un nombre pair de mesures si la mélodie commence par une mesure forte et d'un nombre impair de mesures, si elle commence par une mesure faible. Ainsi pour le N.° (1) l'accompagnement pourra entrer deux ou quatre mesures avant le chant; pour le N.° (2) une ou trois mesures.

Cette dernière règle généralement observée dans les mesures brèves et les mouvements vifs n'est pas toujours suivie dans les mesures longues et les mouvements lents. Cela tient à ce que la différence de force entre deux mesures consécutives est d'autant moins sensible que la mesure est plus longue ou le mouvement plus lent.

172.—Remarquons que toute phrase mélodique commençant sur une mesure forte peut se terminer soit sur une mesure forte soit sur une mesure faible, tandis qu'une phrase commençant par une mesure faible ne peut se terminer que sur une mesure forte.

En effet le N° 1 qu'on a vu plus haut, pourrait se terminer,

ainsi:

mais on ne saurait donner au N° 2 la terminaison suivante:

sans détruire la *carrure* de la phrase qui aurait 9 mesures.

Dans toute phrase *carrée*, si la première mesure est incomplète, la dernière doit en être le complément exact. Ainsi en (d) la première et la dernière mesures sont complémentaires l'une de l'autre, de sorte qu'on peut recommencer la phrase....................

173.—Quelquefois la phrase parait manquer de carrure. Ainsi en donnant une valeur brève à la dernière note du N° 1 la phrase semble n'avoir que sept mesures.

Mais en écrivant la phrase comme il suit la carrure devient évidente.

174. —Quelquefois la mesure forte se déplace d'une phrase à l'autre (quelquefois meme, dans le courant d'une phrase..........

On voit qu'ici il y a deux mesures fortes de suite.

175. —Quelquefois pour mettre en évidence un un défaut de rhythme, il ne suffit pas de retrancher une barre de mesure sur deux, il faut en ôter 3 sur 4. *Exemple:*

Dès les premières mesures, on aperçoit les syncopes d'accord qui résulteraient de la suppression des barres de rang pair. Si, nous supprimons, par la pensée, les barres de rang impair, cette opération ne nous fait encore rien découvrir.

82

il y aura syncope de la 1re à la 2e mesure, le deuxième accord n'étant qu'un renversement du troisième. En poursuivant on trouverait une syncope de la 4e à la 5e mesure; de 5e à la 6e.

Le défaut est maintenant évident. Il y a syncope de la 2e mesure à la 3e et de la 6e à la 7e on pourra corriger ainsi:

176. _Lorsqu'un rhythme est bien établi, une courte syncope ne vient que légèrement le troubler, surtout s'il n'y a pas en même temps syncope de basse comme en (B) et en (C).

EXCEPTIONS HARMONIQUES.

177. _La mélodie n'est pas astreinte à suivre rigoureusement les règles imposées aux parties d'accompagnement. La dissonance peut n'avoir pas de résolution dans la mélodie.

Dans l'exemple suivant la 7e de dominante se résout en montant.....

178. _On double souvent la mélodie à une ou plusieurs octaves pour lui donner plus de force. Presque toujours la basse d'orchestre est doublée à l'octave inférieure par la contre-basse, plus rarement on double la mélodie par la basse.

Quelquefois on double à l'octave toutes les parties, malgré les quintes qui peuvent en résulter.................

179. _Il peut y avoir des octaves consécutives entre la mélodie et une partie d'accompagnement mais non entre la mélodie et la basse.

180. — Les règles sur les quintes et les octaves consécutives s'appliquent surtout à l'enchaînement des accords dans le courant d'une phrase. On tolère deux quintes ou deux octaves consécutives entre le dernier accord d'une cadence et le premier accord de la phrase suivante.

Il en est de même des accords non relatifs. Ainsi le dernier accord d'une phrase en *Ut* étant l'accord de *Sol*, le 1er accord de la phrase suivante pourra être celui de *Fa*.

181. — Les quintes consécutives peuvent produire un grand effet lorsqu'elles ont lieu entre des accords de longue durée.

Cela rappelle les successions d'accords parfaits non relatifs fréquentes dans la musique du XVIe siècle.

Le passage suivant est du même genre et contient de plus une suite d'octaves entre les parties extrêmes.

Beaucoup de musiciens admettent les quintes consécutives même par mouvement semblable, lorsque ces 5tes ont une note commune..................

Toutes ces licences et d'autres analogues qu'on rencontre surtout dans la musique moderne, ne sont permises qu'à des maîtres; l'élève devra les éviter et se conformer strictement aux règles.

On fera bien d'analyser des œuvres de maîtres de différentes époques, en commençant par les plus anciennes dont l'harmonie est moins compliquée, mais sans remonter au delà des deux derniers siècles; la musique antérieure au XVIIe appartient à une tonalité différente de la nôtre et demande une étude spéciale.

FIN

L. Bodet grav: 30, r. Jacob, Paris.   Imp: Joly, 14, r, du Renard.